Matthias Lanzrath

Cloud Computing – Chance oder Risiko?

Für die Implementierung und Anwendung in Unternehmen

Diplomica® Verlag GmbH

Lanzrath, Matthias: Cloud Computing - Chance oder Risiko? Für die Implementierung und Anwendung in Unternehmen. Hamburg, Diplomica Verlag GmbH 2012

ISBN: 978-3-8428-8893-7
Druck: Diplomica® Verlag GmbH, Hamburg, 2012

Bibliografische Information der Deutschen Nationalbibliothek:
Die Deutsche Nationalbibliothek verzeichnet diese Publikation in der Deutschen Nationalbibliografie; detaillierte bibliografische Daten sind im Internet über http://dnb.d-nb.de abrufbar.

Die digitale Ausgabe (eBook-Ausgabe) dieses Titels trägt die ISBN 978-3-8428-3893-2 und kann über den Handel oder den Verlag bezogen werden.

Dieses Werk ist urheberrechtlich geschützt. Die dadurch begründeten Rechte, insbesondere die der Übersetzung, des Nachdrucks, des Vortrags, der Entnahme von Abbildungen und Tabellen, der Funksendung, der Mikroverfilmung oder der Vervielfältigung auf anderen Wegen und der Speicherung in Datenverarbeitungsanlagen, bleiben, auch bei nur auszugsweiser Verwertung, vorbehalten. Eine Vervielfältigung dieses Werkes oder von Teilen dieses Werkes ist auch im Einzelfall nur in den Grenzen der gesetzlichen Bestimmungen des Urheberrechtsgesetzes der Bundesrepublik Deutschland in der jeweils geltenden Fassung zulässig. Sie ist grundsätzlich vergütungspflichtig. Zuwiderhandlungen unterliegen den Strafbestimmungen des Urheberrechtes.

Die Wiedergabe von Gebrauchsnamen, Handelsnamen, Warenbezeichnungen usw. in diesem Werk berechtigt auch ohne besondere Kennzeichnung nicht zu der Annahme, dass solche Namen im Sinne der Warenzeichen- und Markenschutz-Gesetzgebung als frei zu betrachten wären und daher von jedermann benutzt werden dürften.

Die Informationen in diesem Werk wurden mit Sorgfalt erarbeitet. Dennoch können Fehler nicht vollständig ausgeschlossen werden, und der Diplomica Verlag, die Autoren oder Übersetzer übernehmen keine juristische Verantwortung oder irgendeine Haftung für evtl. verbliebene fehlerhafte Angaben und deren Folgen.

© Diplomica Verlag GmbH
http://www.diplomica-verlag.de, Hamburg 2012
Printed in Germany

Inhaltsverzeichnis

Abkürzungsverzeichnis 7

Abbildungsverzeichnis 8

Tabellenverzeichnis 9

1 Einleitung 11
    1.1 Problemstellung 11
    1.2 Zielsetzung der Ausarbeitung 11
    1.3 Methodik und Aufbau 12

2 Grundlagen 13
    2.1 Virtualisierung 13
        2.1.1 Definition 13
        2.1.2 Exkurs Prozessortheorie 15
        2.1.3 Prinzip der Virtualisierung 17
        2.1.4 Konzepte der Virtualisierung 20
        2.1.5 Zusammenfassung der Erkenntnisse 22

    2.2 Cloud Computing 25
        2.2.1 Begriffsherkunft 25
        2.2.2 Definition des Cloud Computing 26
        2.2.3 Abgrenzungen des Cloud Computing zu Grid Computing 29
        2.2.4 Zusammenfassung der Erkenntnisse 30

3 Architektur des Cloud Computing 32
    3.1 Deployment Modelle 32
        3.1.1 Private Cloud 32
        3.1.2 Public Cloud 34
        3.1.3 Hybrid Cloud 35

    3.2 Delivery Modelle 36
        3.2.1 Infrastructure-as-a-Service (IaaS) 36
        3.2.2 Platform-as-a-Service (PaaS) 37
        3.2.3 Software-as-a-Service (SaaS) 38
        3.2.4 Desktop-as-a-Service (DaaS) 39

    3.3 Übersicht und Ebenen der Cloud-Dienste 40

4   Implementierung von Cloud Computing in Unternehmen **41**
   4.1   Technische Rahmenbedingungen 41
       4.1.1   IT-Infrastruktur 41
       4.1.2   Verfügbarkeit und Ausfallsicherheit 45
       4.1.3   Rechenzentrumsbetrieb 48
       4.1.4   Automatisierung 50
   4.2   Organisatorische Rahmenbedingungen 52
       4.2.1   IT-Service-Management nach ITIL 52
       4.2.2   Verbrauchsbezogene Leistungsverrechnung 55
       4.2.3   Wertbeitrag der IT 58
   4.3   Rechtliche Rahmenbedingungen 60
       4.3.1   Anwendbares Recht 60
       4.3.2   Vertragliche Gestaltung von Service Level Agreements (SLAs) 62
       4.3.3   Anwendbarkeit des Datenschutzgesetzes 65
       4.3.4   Lizenzierung 68
   4.4   Chancen und Risiken des Cloud Computing für Unternehmen 69
       4.4.1   Entstehung neuer Geschäftsmodelle 69
       4.4.2   IT-Outsourcing 71
       4.4.3   Entwicklung eines Chancen-Risiken Modells 72
   4.5   Empfohlener Implementierungsprozess 78
       4.5.1   Strategien zur Umsetzung 78
       4.5.2   Planung und Aufbau von strategischen IT-Ressourcen 80
       4.5.3   Risiken bei der Implementierung des Cloud Computing 82

5   Bewertung der Anwendung von Cloud Computing **84**
   5.1   Geschäftsmodelle im Internet der Dienste (Fraunhofer-Institut) 84
   5.2   Reshaping IT - Transformation im Rechenzentrum (IDC) 86
   5.3   Cloud Computing in der IKT-Brache (TU-Berlin) 88

6   Fazit und Ausblick **90**

Literaturverzeichnis **93**

Abkürzungsverzeichnis

AGB	Allgemeine Geschäftsbedingungen
AMD	advanced micro devices
API	application programming interface
AWS	amazon web services
BDSG	Bundesdatenschutzgesetz
BMWi	Bundesministerium für Wirtschaft und Technologie
CRM	costumer relationship management
CPU	central processing unit
EWR	Europäischer Wirtschaftsraum
IBM	international business machines
IVT	intel virtualization technology
JVM	java virtual machine
KPI	key performance indicator
MTBF	mean time between failure
MTTF	mean time to failure
MTTR	mean time to recovery
NIST	national institute of standards and terminology
RBV	resourced based view
SLA	Service level agreement
UrhG	Urheberschutzgesetz
USV	unterbrechungsfreie Stromversorgung
VCE	virtual computing environment group
VLAN	virtual local area network
VM	virtual machine
VMM	virtual machine monitor
VPN	virtual private network

Abbildungsverzeichnis

Abb.1: Ring-Modell 16
Abb.2: Ring-Modell mit Virtualisierungsschicht 17
Abb.3: Laufzeitvergleich der Emulation 19
Abb.4: Übersicht über die Virtualisierungsverfahren 20
Abb.5: Schichtensystem ohne Virtualisierung 23
Abb.6: Hypervisor – Typ 1 (Bare-Metal) 24
Abb.7: Hypervisor – Typ 2 (Software) 24
Abb.8: Unterscheidungsmerkmale Grid Computing und Cloud Computing 29
Abb.9: Marktprogrose Cloud Computing der BITKOM 31
Abb.10: Private-, Public- und Hybrid Cloud 35
Abb.11: Ebenen der Cloud Services 40
Abb.12: Clusterschema mit geteilten Speicherressourcen 43
Abb.13: Interdependenzen zwischen Verfügbarkeitskenngrößen 46
Abb.14: Vielschichtigkeit des Datenschutzbegriffes 66
Abb.15: Multidimensionale SWOT-Analyse im Cloud Computing 77
Abb.16: Prozess der Entscheidungsfindung für eine Cloud Strategie 81
Abb.17: Realisierung der Integrationsleistung bei SaaS Angeboten 85
Abb.18: KPIs für Rechenzentren im EMEA-Raum 86
Abb.19: Erfolg von IT-Bereitstellung im Rechenzentrum 87
Abb.20: Veränderung der Funktionsbereiche in einer IT-Abteilung 88
Abb.21: Entscheidungsmerkmale bei IT-Outsourcing in die Cloud 89

Tabellenverzeichnis

Tab.1: Prozentuale Verfügbarkeit und Ausfallzeit 45
Tab.2: Bestandeile des Bausteins ITIL-Service Delivery 54
Tab.3: Messgrößen der technischen Infrastruktur für Cloud Leistungen 56
Tab.4: Grundmodell einer SWOT-Analyse 73
Tab.5: technische SWOT-Matrix 74
Tab.6: organisatorische SWOT-Matrix 75
Tab.7: rechtliche SWOT-Matrix 76

1. Einleitung

1.1 Problemstellung

Unser globales Wirtschaftssystem wird heutzutage zunehmend durch wachsenden Wettbewerbs- und Innovationsdruck geprägt. Bedingt durch die rasche technologische Entwicklung und zunehmende Produktvielfalt mit steigender Komplexität gilt es für viele Unternehmen immer ausgereiftere Lösungen, Dienstleistungen und Produkte mit Alleinstellungsmerkmal zu schaffen, um sich von der Konkurrenz abzuheben und nachhaltig auf dem Markt bestehen zu können. Vor diesem Hintergrund avancierte der Begriff des Cloud Computing in den letzten Jahren vom *Hype* zum nachhaltigen Trend nach Green-IT und Virtualisierung. In der Literatur ist dieser relativ neue Begriff noch nicht hinreichend definiert und in der IT-Fachwelt noch umstritten. Dies wird auch nicht dadurch entschärft, dass Hard- und Softwarehersteller vorwiegend den Begriff *Cloud* in ihre Produkte integrieren, da auch die Hersteller über ein unterschiedliches Verständnis der Cloud verfügen. Es existiert eine Vielzahl von ungesicherten Informationen über das Thema, so dass die Vor- und Nachteile des Cloud Computings bei Unternehmen bzw. IT-Entscheidern oft im Verborgenen bleiben. Bei der Auseinandersetzung mit dem Thema wird die Realität bestehender IT-Strukturen in Unternehmen oft vernachlässigt. So stellt sich die Frage, ob sich die Geschäftsprozesse eines Unternehmens überhaupt für eine Cloud-Infrastruktur eignen, und ob sich dadurch Vorteile für die Unternehmung ableiten lassen.

1.2 Zielsetzung der Ausarbeitung

Die vorliegende Untersuchung beschäftigt sich vorwiegend mit den Voraussetzungen, und der Implementierung und Anwendung von Cloud Computing in Unternehmen. Ziel hierbei ist es, nach der Klärung des Grundlagenteils, einen Überblick über die bestehende Architektur und Nutzungsmodelle im Cloud Computing zu erhalten. Darüber hinaus werden unterschiedliche Voraussetzungen erläutert, die nötig sind, damit die Implementierung einer cloudbasierten IT-Infrastruktur gelingt. Weiterhin werden die Vor- sowie Nachteile dieses IT-Konzepts ausreichend erläutert. Hiernach werden diese anhand wissenschaftlicher Studien bewertet.

1.3 Methodik und Aufbau

Diese Ausarbeitung beinhaltet insgesamt sechs Kapitel. Im Grundlagenteil in Kapitel 2 wird die technologische Basis des Cloud Computings erläutert und eine Begriffsbestimmung durchgeführt. In Kapitel 3 werden die Architektur sowie Nutzungsmodelle des Cloud Computings beschrieben. Es werden die notwendigen Bedingungen für das Cloud Computing entwickelt, welche die Designgrundlagen des Cloud Computing beschreiben und die erarbeiteten Stufen einschließt. Hier wird eine Beziehung zwischen Architektur und Nutzungsmodell hergestellt. Um Cloud Computing erfolgreich im Unternehmen implementieren zu können, müssen zudem verschiedene organisatorische und rechtliche Voraussetzungen erfüllt sein. Diese werden ebenfalls in Kapitel 4 zusammenhängend erarbeitet. Zudem erfolgt die Entwicklung und Darstellung eines empfohlenen Implementierungsprozesses nachdem die beschriebenen Chancen und Risiken bei der Implementierung des Cloud Computings erläutert wurden. Hierbei wird die Methode der SWOT-Analyse angewandt. Sie stellt ein geeignetes Instrument der Strategischen Analyse dar, um externe und interne Chancen und Risiken abzuwägen, und um die Geschäftsstrategie eines Unternehmens daraufhin anzupassen. Im fünften Teil erfolgt eine Bewertung von Anwendungsbeispielen aus der Implementierung des Cloud Computings anhand aktueller wissenschaftlicher Studien. Kapitel 6 schließt diese Thesis mit einem Fazit sowie einem Ausblick auf zukünftige Entwicklungstrends ab.

2. Grundlagen

In diesem Kapitel werden die Grundlagen für das weitere Verständnis beschrieben. Zunächst werden dabei die verschiedenen Formen der Virtualisierung behandelt. Danach wird der Begriff des Cloud Computing behandelt und definiert.

2.1 Virtualisierung

In Bezug auf das Thema Cloud Computing spielt die technologische Entwicklung der Virtualisierung in der Informatik eine entscheidende Rolle. Aus diesem Grund widmen sich die folgenden Seiten mit den Aspekten der Virtualisierung, die für das Cloud Computing als technische Grundlage anzusehen sind.

2.1.1 Definition

Der Begriff der Virtualisierung tritt in der Praxis in den unterschiedlichsten Bereichen auf. In der Informatik steht die Virtualisierung für verschiedene technische Ausprägungen und Eigenschaften von Informationssystemen. Die Virtualisierung findet daher diverse Anwendungen in Themenbereichen wie Netzwerk- oder Speichersysteme, Hardware und Software. In der Literatur wird deshalb zwischen mehreren Bereichen unterschieden.

Im Netzwerkbereich werden mit der Virtualisierung Technologien beschrieben, die es erlauben logische Netzwerkbereiche aufzuteilen und zu trennen. Als Stichworte dazu sind an dieser Stelle die Begriffe VLAN und VPN zu nennen. Diese Techniken simulieren separate Netzwerkbereiche innerhalb physischer und logischer Netzwerke. Für die damit verbundenen Computer ist die darunterliegende Netzwerkinfrastruktur nicht transparent.[1]

Virtualisierung im Speicherbereich hingegen beschreibt die Nutzung und Auslagerungen von Informationen und Rechenoperationen auf physisch nicht vorhandene Speicherbereiche in der Informatik. Gragon spricht in diesem Zusammenhang von virtuellem Speicher (*engl. virtual memory*). „ … *virtual memory has been used to denote a computer with a large linear adress space that hides memory management tasks, dis-*

---

[1] Vgl. Xu, Jingli (2009): S. 44ff

*cussed above, from the programmer."*² Ein Computerprozessor nutzt demnach mehr Arbeitsspeicherbereiche als ihm zur Verfügung stehen. Technisch rechnen Prozessoren die reale Adressierung im Arbeitsspeicher in ein virtuelles Adressregister (*pagetable*) um.³

Umfassender beschreibt Thorns die Virtualisierung als Abstraktionsebene, die dafür sorgt, Rechenoperationen in Hardwaresystemen unabhängig voneinander abzubilden. So entstehen sog. virtuelle Maschinen, die sich „ *... wie eigenständige Computer verhalten und die in ihnen ausgeführten Operationen auf die tatsächlich vorhandene Hardware abbilden.*"⁴ Weiterhin schreibt Thorns über die Bestandteile einer virtuellen Maschine und bezieht sich dabei auf die sog. vier Kernelemente einer virtuellen Maschine nach dem Popek-Goldberg-Papier. Demnach seien der Prozessor (CPU), der Arbeitsspeicher, die Festplatte und das Netzwerk als eine Einheit einer virtuellen Maschine zu sehen.⁵ Der Amerikaner Gerald Popek, Mathematiker und Computerwissenschaftler an der Universität von Kalifornien, stellte mit seinem Kollegen Robert Goldberg von der Universität in Harvard bereits 1974 diese „*Formal requirements for virtualizable third generation architectures*"⁶ auf.

Eine abstraktere These formuliert Gull und sieht die Virtualisierung als "*... die Eigenschaft einer nicht vorhandenen Entität, in Form und Wirkung einer realen Entität gleichgestellt zu sein.*"⁷ Ähnlich der Erklärung von Thorns bildet die IT durch Virtualisierung eigene Infrastrukturkomponenten, deren Verhalten und Erscheinung mit denen realer Komponenten nahezu identisch ist.⁸

Zu dem Schluss, dass Virtualisierung im Allgemeinen, besonders jedoch in der Informatik, ein weitgefächerter Begriff ist, der noch nicht hinreichend definiert ist, kommt Picht. Der Inhaber der IT-Beratungsfirma Picht Consulting stellt weiterhin jedoch fest, dass unter Virtualisierung „ *... oftmals die Emulation oder die Simulation von Hardware-Ressourcen verstanden werden kann.*"⁹ Dies führt zu einer Trennung von Be-

---

² Gragon, Harvey G. (1996a): S. 113
³ Vgl. Gragon, Harvey G. (1996b): S. 121f
⁴ Thorns, F. (2008a): S. 19
⁵ Vgl. Thorns, F. (2008b): S. 21
⁶ Vgl. Popek. G.J.; Goldberg, R.P. (1974): S.418f
⁷ Gull, D. (2011a): S. 16
⁸ Vgl. Gull, D. (2011b): S. 16
⁹ Picht, H. (2009a): S.1

triebssystem und der darunterliegenden Hardware, die einen höheren Grad an Flexibilität erlaubt.[10]

Für das weitere Verständnis der Virtualisierung im Zusammenhang mit Cloud Computing wird sich auf die Definition von Picht bezogen. Die angesprochene Flexibilität und die Entwicklung zur Unabhängigkeit von Hardwareressourcen bestimmen maßgeblich die Struktur des Cloud Computing. Virtualisierung liefert in Ihren verschiedenen Ausprägungen die technische Grundlage. Die Ausprägungsformen der Virtualisierung lassen sich in unterschiedliche Kategorien aufteilen. Wie bei der Definition der Virtualisierung, sind die weiteren Merkmale der Virtualisierung in der Literatur ebenfalls unterschiedlich eingeordnet. Die folgenden Kapitel beschreiben diese Technologien. Sie sind essentiell für das spätere Verständnis des Cloud Computing.

2.1.2 Exkurs Prozessortheorie

Für das Verständnis der technischen Grundlagen der Virtualisierung ist zunächst eine vorige Betrachtung des Prozessormodells erforderlich. Nach Gübeli et al. bilden Prozessoren, als die zentrale Recheneinheit, den Kern eines Computersystems. Sie lesen und verarbeiten die notwendigen Informationen einer Operation.[11]

Prozessoren arbeiten bei der Ausführung von Prozessen und Aktionen nach dem sog. Ring-Modell. Ähnlich wie beim OSI-Schichtenmodell aus der Netzwerktechnik, welches eine hierarchische Beziehung bei der unterschiedlichen Kommunikation zwischen Computersystemen beschreibt,[12] verwendet ein Prozessor privilegierte und nicht privilegierte Bereiche, um seine Operationen auszuführen. Die Beziehung zwischen Applikation, Betriebssystem und Hardware ist demnach streng hierarchisch. D.h. ein Programm hat zunächst keinen uneingeschränkten Zugriff auf die Hardwareressourcen eines Systems. Den Zugriff darauf regelt das Betriebssystem. Bei der Aufstellung des Ring-Modells unterscheidet man nach insgesamt vier Berechtigungsstufen. *„Je nach Ring sind die Rechte bestimmter Befehle eingeschränkt … ."*[13]

---

[10] Vgl. Picht, H. (2009b): S.1f
[11] Vgl. Gübeli, R. et.al. (2004): S. 21f
[12] Vgl. Schreiner, R. (2009): S. 4f
[13] Thorns, F. (2008c): S. 24

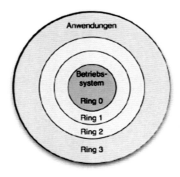

Abbildung 1: Ring-Modell[14]

Wie in Abbildung 1 zu erkennen ist, besitzt der unterste Ring 0 den vollständig privilegierten Zugriff auf die Hardwareressourcen. Diese Stufe wird auch als Kernel-Mode bezeichnet. Anwendungen, die oberhalb von Ring 0 laufen, werden im Kontext des sog. User-Mode (Benutzermodus) ausgeführt. Der Betriebssystem-Kernel läuft auf Ring 0 und besitzt vollständigen Zugriff auf die Hardwareressourcen wie Speicher, Netzwerk und Rechenkapazität. Anwendungen im User-Mode erhalten stets nur die Hardwareressourcen zugewiesen, die Sie über die Ausführung im Speicher benötigen. [15] Sobald ein Programm eine Operation ausführen möchte, bei der Ressourcen verlangt werden, die über den eigenen Rechtekontext hinausgehen, werden diese bei den entsprechenden Betriebssystem-Schnittstellen angefordert. Sollte beispielweise eine Datei von der Festplatte gelesen oder geschrieben werden, erfolgt dies durch das Betriebssystem in Ring 0. Bei der Aufforderung zu einem Druckauftrag ist die Schnittstelle des Betriebssystems, die dabei genutzt wird allgemein etwas bekannter. Über die sog. Treiber werden Programmparameter an das Betriebssystem übergeben, welche später einen Rückgabewert an das Programm erwidern. Die Anforderung zur Ausführung einer Operation, die Ressourcen einer höher privilegierten Schicht benutzt, wird als Syscall (dt. Systemaufruf) bezeichnet. Das Betriebssystem führt die gewünschte Operation durch und reserviert beispielsweise Adressen im Hauptspeicher. Die Anwendung kann nur auf die zugewiesenen Speicherbereiche zugreifen. Dennoch kann es vorkommen, dass ein Programm auf Speicherbereiche zugreifen möchte, die zuvor nicht vom Betriebssystem reserviert wurden. In diesem Fall wird eine sog. Exception (*dt. Ausnahmesituation*) ausgelöst, die durch das Betriebssystem abgefangen wird. Dies kann in einigen Fällen

---

[14] Quelle: Meinel, C. et al. (2008a): S. 15
[15] Vgl. Thorns, F. (2008d): S. 24

zum Absturz des Systems bzw. der Anwendung führen. Der Vorgang der Erkennung einer Exception durch das Betriebssystem wird als Trap (*dt. Fang*) bezeichnet.[16]

2.1.3 Prinzip der Virtualisierung

In Bezug auf die Ausführung der Virtualisierung sind Syscalls, die zusätzliche Ressourcen des Betriebssystems beanspruchen, kritisch. Das Abfangen und Verarbeiten von Exceptions ist die wesentliche Aufgabe einer zusätzlichen neuen Schicht, die anstelle des Betriebssystems im Kernel-Mode ausgeführt wird. Hier spielt der Gedanke der zusätzlichen Abstraktionsschicht eine Rolle, die zuvor in der Definition der Virtualisierung erwähnt wurde. In der Literatur wird diese Schicht oftmals entweder als Virtual Machine Monitor (VMM)[17] oder als Hypervisor[18] bezeichnet. Die Bedeutung des Wortes Hypervisor stammt dabei ursprünglich aus dem Griechischen und Lateinischem. Während das griechische Wort *hyper* so viel bedeutet wie *über*, steht *visor* für eine Ableitung des lateinischen Wortes *videre,* welches *sehen* bedeutet. Picht beschreibt den zusammengesetzten Wortsinn folgendermaßen. *"Dieses zweideutige Wort ist hier nicht als >>übersehen<< im Sinne von >>nicht sehen<< gemeint, sondern im Sinne von >>die Aufsicht über etwas haben<< bzw. etwas zu überwachen, zu überblicken."*[19] Dies kommt der näheren Aufgabe dieser Abstraktionsschicht bereits sehr nahe. Denn diese hat vollständigen Zugriff und damit die Aufsicht über die Hardwareressourcen eines Computersystems. Eine Übersicht über die Einbindung dieser Abstraktions- bzw. Virtualisierungsschicht ist in Abbildung 2 veranschaulicht.

---

[16] Vgl. Thorns, F. (2008e): S. 24f
[17] Vgl. Thorns, F. (2008f): S. 27f
[18] Vgl. Picht, H. (2009c): S.12f
[19] Picht, H. (2009d): S.12f

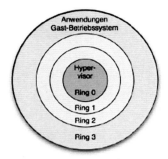

Abbildung 2: Ring-Modell mit Virtualisierungsschicht[20]

Die Hypervisor-Schicht hat als Einzige den voll privilegierten Zugriff auf die Hardwareressourcen. Betriebssysteme, die zunächst auf Ring 0 im Kernel-Mode betrieben wurden, werden in die niedriger privilegierte Schicht Ring 1 ausgelagert. Man spricht in diesem Zusammenhang von der sog. virtuellen Maschine (VM). Über die Verlagerung durch den Hypervisor ist es möglich mehrere Programme, z. B. Betriebssysteme in dieser Schicht zu betreiben. So können mehrere Betriebssysteminstanzen entstehen. Bei Zugriffen auf die Hardware des Computersystems werden die Syscalls dann an die Abstraktionsschicht weitergegeben, die in sich wiederum eine Exception auslösen. Diese wird dann von der Abstraktionsschicht entgegengenommen und verarbeitet. Das Ergebnis dieser Verarbeitung wird dann virtualisiert und an das entsprechende Programm oder System zurückgegeben. Thorns spricht in diesem Zusammenhang von Aktionen, die an die niedriger privilegierte Schicht emuliert werden.[21]

Die Abstraktionsschicht, arbeitet mit der Technik der Emulation. Nach Schmitt ist die Emulation die *".. Anpassung und Abarbeitung des Befehlsvorrates einer Rechenanlage A durch geeignete Mikroprogrammierung in einer anderen Rechenanlage B heißt Emulation. Man sagt auch, B emuliert A. Bei der Emulation verhält sich die Rechenanlage B so, als ob sie gleich A wäre."*[22] Weiterhin beschreibt er den Emulator als ein Element, das Spezifikationen und Anweisungen von technologiefremden Bereichen ausführen kann, die ursprünglich nur für diese selbst erstellt wurden.[23] Die Hypervisor übernimmt mit der Emulation Aufgaben, die ursprünglich vom Betriebssystem ausgeführt wurden.

---

[20] Quelle: Meinel, C. et al. (2008b): S. 15
[21] Vgl. Thorns, F. (2008g): S. 27f
[22] Schmitt, S. (2005a): S.20
[23] Vgl. Schmitt, S. (2005b): S.20

Bei mehreren Betriebssysteminstanzen muss er gleichzeitig dafür sorgen, dass Syscalls einer bestimmten Betriebssysteminstanz, z. B. von VM1 auch wieder an VM1 zurückgegeben werden und nicht an VM2 weitergereicht werden. Der Vorteil der Emulation bei der Abhandlung der Exceptions ist, dass Sie weitaus schneller verarbeitet werden kann. Dennoch entsteht ein gewisser Performanceverlust im Vergleich zu einer nativen Installation des Betriebssystems auf der Hardware selbst.[24] Dieser fällt jedoch durch die Emulation verhältnismäßig gering aus und bewegt sich im Bereich von 2-3%.[25] Eine Übersicht welchen Geschwindigkeitsvorteil mit der Emulation erzielt wird, zeigt Abbildung 3 nach Schmitt.

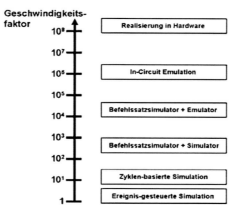

Abbildung 3: Laufzeitvergleich der Emulation[26]

Auf Grund der Verarbeitung von mehreren Exceptions, dem sog. Exception-Handling entsteht ein gewisser Overhead im Hypervisor. Dieser ist dadurch begründet, dass die Exceptions für die Verarbeitung im Hypervisor umgeschrieben werden müssen. Um den Overhead bzw. den daraus entstehenden Leistungsverlust möglichst gering zu halten, setzen die beiden großen Prozessorhersteller Intel und AMD auf zusätzliche Techniken. Mit der Integration von zusätzlichen Befehlssätzen in ihren Prozessoren versuchen die Hersteller die Verarbeitung der Exceptions zu optimieren. Bei AMD lautet der zusätzliche Befehlssatz Pacifica[27], während er bei Intel unter dem Namen Intel VT bzw. Intel

---

[24] Vgl. Thorns, F. (2008h): S. 28
[25] Vgl. Gull, D. (2011c): S. 17
[26] Quelle: Schmitt, S. (2005c): S.47
[27] Vgl. AMD (2006): AMD Releases "Pacifica" Specification for AMD64 Technology
http://www.amd.com/us/press-releases/Pages/Press_Release_98372.aspx, Abruf am 16.03.2012

Virtualization Technology (IVT)[28] zu finden ist. Die Implementierungen dieser beiden Befehlssätze innerhalb der jeweiligen Prozessoren sind grundlegend unterschiedlich und deshalb untereinander nicht kompatibel.[29]

2.1.4 Konzepte der Virtualisierung

Für den Einsatz von Virtualisierung in Unternehmen lassen sich unterschiedliche Konzepte feststellen. In der Praxis entstehen daraus verschiedene Ausprägungen und unterschiedliche Einsatzmöglichkeiten. Zu unterscheiden sind dabei die klassische Virtualisierung, die Software Emulation und das Partitionsverfahren. Eine Übersicht dazu bietet Abbildung 4.

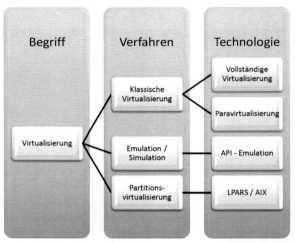

Abbildung 4: Übersicht über die Virtualisierungskonzepte[30]

Die gängigste und meist genutzte Form, in der Praxis, ist die klassische Virtualisierung. Sie wird auch als Systemvirtualisierung oder Hardwarevirtualisierung bezeichnet. Hierbei werden mehrere Systeme Betriebssysteminstanzen über den Hypervisor oberhalb der Schicht 0 virtualisiert dargestellt. Diese Instanzen werden als VM bezeichnet. Die Hardwarearchitektur der VM entspricht dabei weitestgehend der des Hypervisor bzw. Hostsystems.[31] Das virtuelle System wird dabei oft auch als Gastsystem oder Gastbe-

---

[28] Vgl. Neiger, G. et al. (2006): S.167ff
[29] Vgl. Thorns, F. (2008i): S. 29
[30] Quelle: eigene Darstellung
[31] Vgl. Picht, H. (2009e): S.12

triebssystem geeignet.[32] Die virtuellen Maschinen nutzen gemeinsam die Hardware des Hostsystems und sind voneinander unabhängig. Sie können sich dabei nicht gegenseitig beeinflussen. Dadurch ist es möglich unterschiedliche Betriebssysteme auf einer Hosthardware zu betreiben. Liegen diese virtuellen Maschinen in Form von Dateien in einem Ordner vor, spricht man dabei auch von Containervirtualisierung.[33] *„Hier wird auch nicht mehr von "virtuellen Maschinen" gesprochen, sondern von Containern oder Jails."*[34] In einigen Fällen wird im Rahmen der Systemvirtualisierung mit der sog. Paravirtualisierung gearbeitet. Der Begriff *para* stammt aus dem Griechischen und bedeutet so viel wie *neben* bzw. *darüber hinaus*. Bei dieser Form werden von den virtuellen Maschinen und der Virtualisierungsschicht sog. Hypervisor-Calls ausgelöst, die direkt an die entsprechende Hardware durchgereicht wird. Die virtuelle Maschine erhält dadurch für eine begrenzte Zeit Zugriff auf die angeforderte Hardware und die Verarbeitung kann unmittelbar beginnen, ohne dass der Hypervisor intervenieren muss. Dadurch ergibt sich für die virtuelle Maschine ein erheblicher Geschwindigkeitsvorteil in Folge des Direktzugriffs auf die Hardware.[35]

Eine weitere Form der Virtualisierung ist die sog. Emulation bzw. API-Emulation. Bekannt ist diese Form bisher bei Programmen und Interpretern, die eine separate Laufzeitumgebung für eine Anwendung simulieren. Die Laufzeitumgebung wird auch in diesem Fall als VM bezeichnet. Sie dient dabei als Schnittstelle zwischen dem Betriebssystem und sich selbst. Bekanntester Vertreter dieser Form der Schnittstellenemulation ist die Java Virtual Maschine JVM. Die Java VM setzt ein Hostbetriebssystem voraus und baut die Laufzeitumgebung in der Anwendungsschicht des Hostbetriebssystems auf.[36] In der aufgebauten Laufzeitumgebung können unterschiedliche Anwendungen implementiert werden. Weiterhin ist es möglich diese Laufzeitumgebung auf unterschiedlichen Betriebssystemen zu installieren. Die Anwendungen, die in der JAVA VM abgebildet werden, können auf unterschiedlichen Betriebssystemen starten und sind dadurch virtualisiert. Damit werden Sie unabhängig vom zugrundeliegenden Betriebssystem, jedoch nur in Ausnahmefällen von der Hardwarearchitektur. Es kann somit vor-

---

[32] Vgl. Picht, H. (2009f): S.12
[33] Vgl. Meinel, C. et al. (2011c): S.17f
[34] Meinel, C. et al. (2011b): S.17f
[35] Vgl. Thorns, F. (2008j): S. 30f
[36] Vgl. Picht, H. (2009g): S.8f

kommen, dass 64-Bit Anwendungen nicht auf einer x86 bzw. 32-Bit Architektur funktionieren.[37]

Das Virtualisierten von mehreren Systemumgebungen ohne die Abbildung einer jeweils separaten VM- bzw. Betriebssysteminstanz geschieht im sog. Partitionsverfahren.[38] Die virtuellen Maschinen laufen alle auf derselben Schicht des Betriebssystems bzw. im Kernel-Modus. Der Kernel des Betriebssystems isoliert dabei jedoch die einzelnen Prozesse und kontrolliert die Schnittstellen, die mit dem System interagieren. Dies geht soweit, „ … *daß den Prozessen einer Partition zwar die gesamten Schnittstellen des Betriebssystems zur Verfügung stehen, sie damit jedoch nur innerhalb der eigenen Partition inter-agieren können.*"[39]

Bekanntester Vertreter dieser Form der Virtualisierung ist das Unternehmen IBM. Die Systemumgebungen werden als logische Partitionen (LPARS) abgebildet und kommen zunehmend im Mainframe Bereich unter IBMs Betriebssystem AIX auf der Hardwareserie System z (z-Series) und System p (p-Series) zum Einsatz.[40] Der Hypervisor in diesem Kontext wird als Processor Resource/System Manager (PR/SM)-Hypervisor bezeichnet. Durch diese Form der Virtualisierung entstehen keine Hardwareeinbußen. Der Zugriff auf die Hardware geschieht hier unmittelbar und wird durch den Hypervisor voneinander isoliert. Innerhalb der LPARS können dann unterschiedliche Dienste betrieben werden. Durch die strikte Trennung der logischen Systeme von der gegenseitigen Informationsverarbeitung und die hohe Gewährleistung einer Performanz werden diese Techniken vermehrt bei Banken, Regierung und im militärischen Bereich eingesetzt.[41]

2.1.5 Zusammenfassung der Erkenntnisse

Aus dem vorangegangenen Beispiel der Containervirtualisierung zeigt sich wie unterschiedlich der Begriff einer virtuellen Maschine in der wissenschaftlichen Fachwelt verstanden wird. Während Thorns den Begriff der Container erst im Rahmen des Partitionierungsverfahrens verwendet,[42] versteht Picht darunter eher die Funktion der virtuel-

---

[37] Vgl. Thorns, F. (2008k): S.35f
[38] Vgl. Thorns, F. (2008l): S.32f
[39] Thorns, F. (2008m): S.32
[40] Vgl. Picht, H. (2009h): S.16f
[41] Vgl. MacNeil, T. (2006)
[42] Vgl. Thorns, F. (2008n): S.32

len Maschine als emulierte Laufzeitumgebung für Programme.[43] Beckereit sieht die virtuelle Maschine sowohl als Teil der klassischen Systemvirtualisierung, als auch der Partitionsvirtualisierung.[44]

In der Praxis lassen sich die Technologien und Verfahren nicht konkret voneinander abgrenzen. Vielmehr sieht man in der Realität einen Trend zu konvergenten Systemen. Die kommerziellen Softwarefirmen, allen voran Microsoft, VMware Inc. und Citrix, sowie diverse Andere bieten in ihren Lösungen und Produkten einen Mix aus allen Technologien zur Virtualisierung an. Dennoch lassen sich in den Bereichen und Produkten immer wieder Parallelen finden. Für den weiteren Verlauf der Untersuchung wird dabei grundsätzlich von folgenden Modellen und Begriffen ausgegangen.

Eine traditionelle Installationsweise eines Betriebssystems erfolgt direkt auf der Hardware selbst. Ohne die Inanspruchnahme der Virtualisierung lässt sich daher folgendes Schichtenmodell in Abbildung 5 aufstellen.

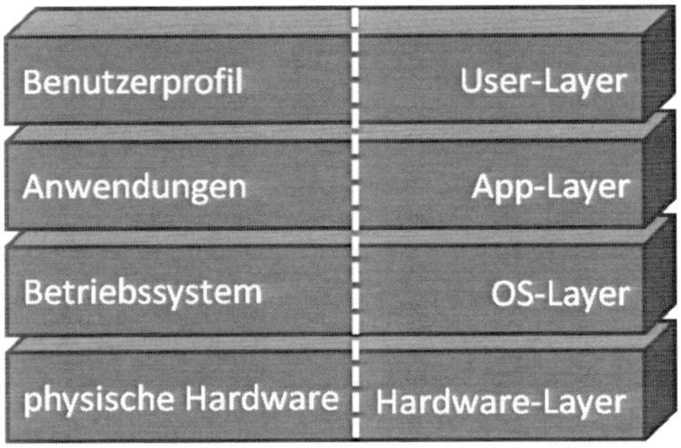

Abbildung 5: Schichtensystem ohne Virtualisierung[45]

In der klassischen Virtualisierung, bei der der Hypervisor die Betriebssysteminstanzen in niedrigere privilegierte Schichten auslagert, unterscheidet man vermehrt zwischen einem Typ1 und Typ2 Hypervisor. Der Typ1 Hypervisor wird nativ auf der Hardware des Hostsystems installiert. Aus diesem Grund spricht man hier vermehrt von der sog. Bare-Metal-Virtualisierung bzw. von einem Bare-Metal Hypervisor. Dargestellt ist das Schema in Abbildung 6.

---

[43] Vgl. Picht, H. (2009i): S.8f
[44] Vgl. Beckereit, F. (2011a): S.71f
[45] Quelle: eigene Darstellung

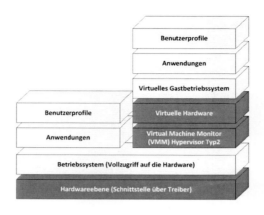

Abbildung 6: Hypervisor Typ1 (Bare-Metal)[46]

Ein Typ2-Hypervisor wird innerhalb einer bestenden Betriebssysteminstanz installiert. Er läuft auf der Anwendungsschicht des Hostbetriebssystem und bildet dort wiederum eine eigene Systemumgebung in der VM. In einigen Bereichen wird diese Form auch als Softwarevirtualisierung bezeichnet. Der Vorteil liegt in der Flexibilität bedingt durch die Simulation von Hardwarekomponenten. So lassen sich durch einen Typ2 Hypervisor Hardwarekomponenten simulieren, die gar nicht Hostsystem verfügbar bzw. physisch verbaut sind. Gleichzeitig ist die Simulation in Bezug auf die Geschwindigkeit der Datenverarbeitung und Performance der VM langsamer als die Emulation bei einem Typ1 Hypervisor. Der Unterschied wird in Abbildung 7 deutlich.

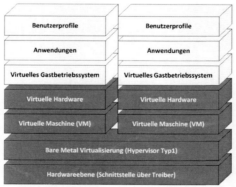

Abbildung 7: Hypervisor Typ2 (Software)[47]

---

[46] Quelle: eigene Darstellung in Anlehnung an: Gull, D. (2011d): S. 17
[47] Quelle: eigene Darstellung in Anlehnung an: Gull, D. (2011e): S. 17

Bei der Betrachtung der untersuchten Verfahren und Technologien lässt sich zu folgender Schlussfolgerung kommen. Virtualisierung schafft eine Form von System, welche gewissermaßen losgelöst von der zugrundeliegenden Hardwarearchitektur ist. Dies geschieht durch das Vortäuschen ihrerseits. Dies trifft auf beide Hypervisortypen zu. Durch die Nutzung dieser Abstraktionsschicht werden Systeme, Schnittstellen und Programme flexibel einsetzbar. Die bisherigen technologischen Grenzen von Hard- und Softwaresystemen verschieben sich hin zu denen des Hypervisors bzw. der Hersteller von Virtualisierungslösungen.

2.2 Cloud Computing

Nachdem im vorigen Kapitel das Thema Virtualisierung erläutert wurde, befasst sich dieses Kapitel mit den Grundlagen des Cloud Computing. Dabei wird zunächst die Begriffsherkunft geklärt und die wörtliche Abstammung erläutert. Weiterhin wird der Begriff des Cloud Computing an sich definiert, gefolgt von einer Abgrenzung zu anderen verwandten IT-Themen. Im Anschluss erfolgt eine kurze Zusammenfassung der gewonnenen Erkenntnisse.

2.2.1 Begriffsherkunft

Anfang der 90er Jahre wurde der Begriff *Cloud* erstmals von der amerikanischen Telekommunikationsindustrie verwendet. Zu dieser Zeit entwickelte sich die Dienstleistung des Telefon und Internetanschlusses. Die Unternehmen begannen Ihren Kunden sog. Komplettpakete inkl. der passiven Komponenten wie Switche, Router oder Hubs zusätzlich zum Standardanschluss als Extras anzubieten. Kunden konnten diesen *Service* als *Paket* bestellen. Bezugnehmend auf die Informationsverarbeitung nutzte der damalige CEO von Google Eric Schmidt den Begriff des Cloud Computing 2006 erstmals auf der Search Engine Strategies Conference in San Jose, Kalifornien. Dort beschrieb er Cloud Computing als ein Nachfolgemodell des Client-Server-Modells. Cloud Computing entstand damit als Metapher für Leistungen und Dienste, die aus dem Internet bezogen werden.[48]

---

[48] Vgl. Metzger, C. et al. (2011a): S.2

2.2.2 Definition des Cloud Computing

Für Cloud Computing existieren viele verschiedene Interpretationen jedoch bislang noch keine allgemeingültige Definition. Dies lässt sich in den Werken verschiedener Fachautoren zum Thema Cloud Computing feststellen. Metzger et.al. beziehen sich in Ihrem Werk auf die Definition des National Institute of Standards und Technologie (NIST). „*Cloud computing is a model for enabling convenient, on-demand network access to a shared pool of configurable computing resources (e.g., networks, servers, storage, applications, and services) that can be rapidly provisioned and released with minimal management effort or service provider interaction. This cloud model is composed of five essential characteristics, three service models, and four deployment models.*"[49]

Die fünf charakteristischen Merkmale nach NIST beinhalten:
- **On-Demand self-service**: Anwender können Computerressourcen wie Speicherplatz, Rechenleistung etc. selbst in Anspruch nehmen und sich bei Bedarf selbst über eine geeignete Schnittstelle zur Verfügung stellen.
- **Broad network access**: Es müssen Möglichkeiten bestehen auf das Netzwerk über ein breites Spektrum an Plattformen und Endgeräten zuzugreifen. Die Standardisierung von Schnittstellen spielt dabei eine große Rolle.
- **Ressource Pooling**: Anbieter und Firmen, die Cloud Computing nutzen und anbieten, müssen Computerressourcen wie Speicher, Netzwerk und Rechenleistung, egal ob physisch oder virtuell, dynamisch verwalten. Sie müssen bei Bedarf den Nutzern von IT-Dienstleistungen zugeschrieben werden. Dabei bleibt es transparent an welchem physikalischen Ort diese Ressourcen erbracht werden.
- **Rapid elasticity:** Ressourcen können schnell und flexibel zur Verfügung gestellt werden. Eine Cloudlösung zeichnet sich durch einen hohen Automatisierungsgrad aus und bedarf nur noch weniger manueller Eingriffe.
- **Measured service:** Die angebotenen und genutzten IT-Dienstleistungen müssen sich gesondert und transparent abrechnen lassen. Es muss ein Verrech-

---
[49] Mell, P.; Grance, T. (2011a) S.2 zitiert nach Metzger, C. et al. (2011b): S.2

nungsmodell existieren, dass für Anbieter und Nutzer den bedarfsbezogenen Ressourcenverbrauch anzeigt und überwacht. [50]

Karin Sondermann von Microsoft stellt ebenso fest, dass es keine einheitliche Definition für den Begriff Cloud Computing gibt, jedoch viel Spielraum für mannigfaltige Interpretationen existiert. Nichtsdestotrotz seien die Ziele des Cloud Computing übergreifend klar. So verändert *"Die zunehmende Automatisierung, Standardisierung und Flexibilisierung .. die Bereitstellung von IT-Ressourcen fundamental."* [51] Durch die *"... Ausnutzung hoch virtualisierter Rechen-, Speicher-, und Netzwerkressourcen wird ein gemeinsamer Pool an skalierbaren, Internet-basierten, zentralen IT-Infrastrukturen, Plattformen, Datenbanken und Anwendungen als on-Demandt-Dienste zur Verfügung gestellt und automatisch verwaltet."* [52] Weiterhin geht Sondermann in ihrer Definition auf die Automatisierung ein, die das manuelle Eingreifen von Administratoren minimieren wird.

Ein anderer Ansatz von Baun et al. bezieht eine stärkere Rolle des Internets bei der Bereitstellung von IT-Dienstleistungen mit ein. Demnach erlaubt Cloud Computing die Nutzung *"... von Anwendungen aller Art als im Web elektronisch verfügbare Dienste. Der Begriff Cloud soll dabei andeuten, dass die Dienste von einem Anwender über das Internet ... erbracht werden".* [53] Die Autoren lehnen sich später jedoch an die NIST Definition des Cloud Computing an und bilden die fünf charakteristischen Merkmale in einem Satz ab. „*Unter der Ausnutzung virtualisierter Rechen- und Speicherressourcen und moderner Web-Technologien stellt Cloud Computing skalierbare, netzwerkzentrierte, abstrahierte IT-Infrastrukturen, Plattformen und Anwendungen als on-demand Dienste zur Verfügung. Die Abrechnung dieser Dienste erfolgt nutzungsabhängig.*"[54]

Der Bundesverband für Informationswirtschaft, Telekommunikation und neue Medien e.V. (BITKOM) sieht Cloud Computing als „ *... eine Form der bedarfsgerechten und flexiblen Nutzung von IT-Ressourcen. Diese werden in Echtzeit als Service über das*

---

[50] Vgl. Mell, P.; Grance, T. (2011b): S.2
[51] Sondermann, K. (2011a): S.99
[52] Sondermann, K. (2011b): S.100
[53] Baun, C. et al. (2011a): S.3f
[54] Baun, C. et al. (2011b): S.4

Internet bereitgestellt und die nach Nutzung abgerechnet. Damit ermöglicht Cloud Computing den Nutzern eine Umverteilung von Investitions- zu Betriebsaufwand."[55] Damit verdeutlicht er gleichzeitig einen betriebswirtschaftlichen Aspekt des Themas.

Während sich die bisher genannten Autoren weitestgehend auf die Definition nach NIST beziehen, legt Charles Babcock, Redakteur der amerikanischen InformationWeek, keinen Wert darauf. In seinem Buch The Cloud Revolution hält er alle bisherigen Definition nach NIST für temporär und deshalb nicht aussagekräftig. *„They have currency, but I don't put much stock in them. I think they are temporary snapshots of a rapidly shifting formation."* [56] Auf den folgenden Seiten begründet er seine Feststellung, indem er Beispiele anbringt, in denen Autoren das Hochladen von Bildern bei Sozialen Netzwerken oder das Erwerben von digitalen Gütern z. B. über einen Online-Musik-Portal bereits für Cloud Computing halten.[57] Auf seiner Suche nach einer Cloud-Definition bezieht er sich später auf eine größere Rolle der Rechenzentren. Diese bestünden überwiegend aus heterogenen Systemen vieler verschiedener Hersteller und seien deshalb sehr wartungsintensiv. *„The cloud data centers are different. ... all the servers are the same or closely related and .. managed in the same way. They require fewer people. The traditional datacenter is over engineered and overinvested in hardware, trying to avoid machine failure. The cloud datacenter tolerates hardware failures and routes work around them. It solves through software and hardware problems that used to necessitate the shutdown of machines and replacement of parts. It ties together large numbers of low-cost parts and manages them as s single resource ... ".*[58]

---

[55] BITKOM (2009): S.14
[56] Babcock, C. (2010a): S.4
[57] Vgl. Babcock, C. (2010b): S.6ff
[58] Babcock, C. (2010c): S.11f

2.2.3 Abgrenzungen des Cloud Computing zu Grid Computing

Die Nutzung von virtualisierten Rechenkapazitäten geschieht auch beim sog. Grid-Computing. Durch Grid Computing werden Rechenkapazitäten mehrerer Computer bzw. Server gebündelt. Dies hat das Ziel, dass rechenintensive Prozesse schneller abgearbeitet werden können. Dadurch besteht die Notwendigkeit auf mehrere Rechenkapazitäten einen synchronen Zugriff zu erlangen.[59] Ian Foster von der Universität Chicago beschrieb Grid Computing 2002 als Architektur, die primär dazu dient Aufgaben und Probleme gemeinsam zu lösen. *„The sharing that we are concerned with is not primarily file exchange but rather direct access to computers, software, data, and other resources, as is required by a range of collaborative problemsolving and resource-brokering strategies emerging in industry, science, and engineering."*[60]

Der Unterschied zu Cloud Computing liegt in der Bereitstellung und Nutzung der Hardwareressourcen. Im Bereich des Grid Computing findet man eine dezentrale Bereitstellung der Hardwareressourcen, während sich Cloud Computing vornehmlich innerhalb großer Rechenzentren abspielt. Abbildung 8 soll die wesentlichen Unterschiede der beiden Modelle verdeutlichen.

Merkmale	Grid-Ausprägung	Cloud-Ausprägung
Ressourcenverbrauch (Art)	Geplant, Batch-orientiert	Dynamisch (On-Demand)
Ressourcennutzung	Kollaboration (Virtuelle Organisation, »Fair share«)	Keine gemeinsame Nutzung zugeteilter Ressourcen
Leistungsangebot	Infrastruktur/Rechenleistung	Software, Plattform und Infrastruktur als Service
Skalierbarkeit	Mittel	Hoch (inkl. Hardwareebene)
Service Level Agreements	Kaum bis gar nicht	Ja
Abhängigkeit vom Anbieter	Hoch (aufgrund benötigter Ressourcen)	Mittel (Mangel an offenen Schnittstellen)
Anzahl der Kunden	Gering bis Mittel	Hoch
Anzahl der Anbieter	Hoch	Gering
Geschäftsmodell	Austausch/statische Preismodelle	Flexible Preisgestaltung (Pay-per-Use)
Umstellungskosten	Niedrig aufgrund von Standardisierung	Hoch aufgrund eingeschränkter Interoperabilität

Abbildung 8: Unterscheidungsmerkmale Grid Computing und Cloud Computing[61]

Aus der o.g. Abbildung geht ein weiterer wesentlicher Unterschied hervor. Das Verhältnis zwischen Kunde und Anbieter von Computerressourcen ist entgegengesetzt. Grid Computing wird eher durch den Kunden initiiert. Nutzer sind vorwiegend For-

---
[59] Vgl. Repschläger, J. et al. (2010a): S.7
[60] Foster, I. (2002): S.2
[61] Quelle: Repschläger, J. et al. (2010b): S.8

schungseinrichtungen und Universitäten. Daher ist Grid Computing meist im wissenschaftlichen Bereich einzuordnen. Ein berühmtes Beispiel dafür ist das SETI@home-Projekt der Berkely Universität in San Francisco. Im Gegensatz dazu ist das Cloud Computing weitaus wirtschaftlicher ausgeprägt. Dies zeigt sich gerade in der Existenz unterschiedlicher Service- und Geschäftsmodelle. Diese werden an späterer Stelle genauer erläutert.[62]

2.2.4 Zusammenfassung der Erkenntnisse

Für den weiteren Verlauf der Ausarbeitung wird sich an dem Cloud Computing Begriff nach NIST orientiert. Es ist jedoch festzustellen, dass die Definition von Cloud Computing derzeit noch dynamisch und nicht vollendet ist. Die rasche Entwicklung der Informationstechnologie in den letzten Jahren lässt darauf schließen, dass sich in Zukunft höchstwahrscheinlich noch weitere Definitionen des Cloud Computing finden lassen. Andererseits könnte diese Technologieform völlig neu erfunden und bestimmt werden. Jedoch drückt die amerikanische Regierungsorganisation NIST in ihrer Definition weitestgehend die Merkmale aus, die zurzeit überwiegend verstanden werden und geschäftsrelevant sind. Der Ausbau der Virtualisierung in den Rechenzentren der Unternehmen trägt seinen Anteil an der Grundstruktur des Cloud Computing bei. Nach NIST und ihrer bisherigen Ausarbeitung lässt sich keine Aussage darüber treffen ab wann oder ab welcher Größe Kunden oder Unternehmen Cloud Computing nutzen können. Dies lässt wiederum den Schluss zu, dass die Größe des Unternehmens bzw. dessen finanzielle Ausstattung keinen Einfluss darauf hat Cloud Computing prinzipiell zu nutzen. Bei der gleichzeitigen Betrachtung des Grid Computing lässt sich ein ganz klarer wirtschaftlicher Nutzen des Cloud Computing erkennen.

---

[62] Vgl. Repschläger, J. et al. (2010c): S.7

Der Markt für Cloud Computing Dienstleistungen wächst stetig und wird vom Branchenverband BITKOM für das Jahr 2011 auf 1,9 Milliarden Euro geschätzt. Schon 2015 schätzt der Verband den Umsatz auf 8,2 Milliarden Euro. Vgl. Abbildung 9.

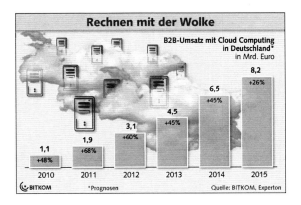

Abbildung 9: Marktprognose Cloud Computing der BITKOM[63]

Die Ausprägung erfolgt dabei in unterschiedlichen Geschäftsmodellen und Architekturformen. Bei den Geschäftsmodellen wird zwischen verschiedenen Liefer- bzw. Anbietermodellen unterschieden. Die sog. Delivery-Modelle befassen sich mit der Nutzung und Bereitstellung einer oder mehrerer IT-Dienstleistungen. Kern dieser Modelle ist das Anbieten von Speicherressourcen, Rechenkapazitäten, Programmen bis hin zu komplexen Entwicklungsumgebungen mit eigener IT-Infrastruktur. Die Deployment-Modelle hingegen beschreiben vielmehr eine physische Distanz zu den IT-Dienstleistungen. Zudem sind sie Ausdruck für den infrastrukturellen Entwicklungsgrad der IT-Umgebung. Im anschließenden Kapitel 3 werden die Deployment- und Delivery-Modelle ausführlich erläutert.

---

[63] Quelle: BITKOM (2010)

3. Architektur des Cloud Computing

Bei der Betrachtung der Architektur des Cloud Computings lassen sich im Wesentlichen drei Deployment-Modelle erkennen. Diese werden in der Fachwelt durchgehend als Private -, Public- und Hybrid Cloud bezeichnet. Die Bezeichnungen beschreiben die zugrundeliegende IT-Infrastruktur, die die Merkmale des Cloud Computings erfüllen sollen. Des Weiteren werden darauf bezogene IT-Dienstleistungen als Delivery Modelle bezeichnet. Hintergrund einer jeden Cloud-Architektur ist dabei eine möglichst hoch virtualisierte IT-Umgebung.[64]

3.1 Deployment Modelle

3.1.1 Private Cloud

Befindet sich die virtualisierte IT-Infrastruktur der Cloud innerhalb eines Unternehmens, wird diese als Private Cloud bezeichnet. Interne IT-Dienste werden auf Basis der zuvor erwähnten Technologien auf der Virtualisierung angeboten. Das Unternehmen erbringt seine benötigten IT-Dienstleistungen selbst und führt diese auf dessen eigenen privaten Komponenten aus.[65]

In einer Private Cloud Umgebung befinden sich Anbieter und Nutzer von IT-Dienstleistungen meist innerhalb desselben physischen Netzwerks. Metzger et al. stellen dabei jedoch fest, dass die *"... Abgrenzung zum "normalen" Betrieb eines EDV-Systems relativ fließend ..."*[66] ist. Bei der Nutzung einer Private Cloud versuchen Unternehmen den Ansatz des Cloud Computings und dessen Kriterien auf die internen Geschäftsabläufe zu übertragen. Es erfolgt eine *"... Business-konforme Adaption der Cloud-Kriterien."*[67] Die IT-Infrastruktur ist dabei auf die geschäftlichen Bedürfnisse des Unternehmens abgestimmt und unterstützt das Unternehmen aktiv bei der Erreichung der Geschäftsziele.

---

[64] Vgl. Arbitter, P. et al. (2011a): S.40ff
[65] Vgl. Bröhl, B. (2011a): S.11
[66] Vgl. Metzger, C. et al. (2011c): S.18
[67] Arbitter, P. et al. (2011b): S.41

Nach dem derzeitigen Cloud Computing Leitfaden der BITKOM besitzt eine Private Cloud folgende Merkmale.

- Eine Cloud-Umgebung, die **selbst vom Kunden** betrieben wird. Im übertragenen Sinn ist damit die IT-Abteilung eines Unternehmens gemeint, welches IT-Dienste für seine internen Kunden erbringt.

- **Beschränkter Zugang**: Nur autorisiertes Personal, Kunden, Lieferanten oder Geschäftspartner können auf ausgewählte Dienste und Services zugreifen. BITKOM geht dabei von einem existierenden Zugriffs- und Rollenkonzept aus.

- **Zugriff über das Intranet**. Da sich Private Cloud Umgebungen vorwiegend innerhalb eines Unternehmens befinden, ist der Zugriff über die interne Netzwerkinfrastruktur bzw. das Intranet die logische Folge der Informationsverarbeitung. In Ausnahmefällen kann der Zugriff auch über ein Extranet erfolgen, z. B. wenn externe Kunden oder Lieferanten ans System angebunden werden sollen.

- Eine **effiziente, standardisierte** und **sichere IT-Umgebung** unter Aufsicht und Kontrolle des Unternehmens. Die Umgebung erlaubt eine individuelle Anpassung.[68]

Ziel beim Aufbau einer Private Cloud Umgebung ist es, die elektronische Datenverarbeitung innerhalb des Unternehmens zu belassen und gleichzeitig die Merkmale des Cloud Computing zu nutzen. Sie funktioniert isoliert von anderen Systemen nur innerhalb des Intranets der eigenen Unternehmung. Die Datenhaltung und die Datenkontrolle bleiben in der Obhut des Unternehmens. In Ausnahmefällen kann das Unternehmen bestimmte Dienste über das Internet entweder Kunden, Lieferanten oder Mitarbeitern zur Verfügung stellen.[69]

---

[68] Vgl. BITKOM (2009a): S.30
[69] Vgl. Metzger, C. et al. (2011d): S.33

3.1.2 Public Cloud

Virtualisierte Infrastrukturen eines externen Anbieters bzw. IT-Dienstleisters, werden oft als Public Cloud verstanden. Hintergrund ist ein Geschäftsmodell auf Basis der Lieferung und Leistung von IT-Diensten gegenüber einem externen Kunden. Die verschiedenen Dienste stehen öffentlich, d.h. über einen Internetanschluss, zur Verfügung. Das Kundensegment kann sich auf Unternehmen, Institutionen oder Privatkunden verteilen. Nutzer einer Public Cloud greifen auf IT-Dienstleistungen ausschließlich über das Internet bzw. ein Webportal zu. Komponenten der Public Cloud-Infrastruktur werden ausschließlich beim Anbieter und nicht beim Kunden ausgeführt.[70]

Der Leitfaden der BITKOM macht die Unterschiede zu Private Cloud Umgebungen deutlich. Diese verfügen demnach über:

- eine eigene **Cloud-Umgebung**, die **ausschließlich** von einem **IT-Dienstleister** betrieben wird, und in dessen Verantwortung liegt.

- einen **Zugriffsweg** durch das **öffentliche Internet**. D.h. entweder über einen Web-Client bzw. einen Webbrowser.

- eine **flexible** und **schnelle Nutzung** durch Subskription.

- eine Auswahl an hoch-standardisierten Geschäftsprozessen, Anwendungen und/oder Infrastrukturservices mit einer **variablen Nutzungs- und Zahlungsgebühr**.[71]

Ein weiterer Unterschied zur Private Cloud ist die externe Verarbeitung und Datenhaltung der Informationen beim Anbieter. Das Unternehmen bzw. die Kunden von Public Cloud Angeboten haben keinen Einfluss auf die Sicherheitsaspekte des Anbieters. Bei vielen öffentlichen Cloud-Angeboten kommt hinzu, dass sich Anbieter und Nutzer der Dienstleistungen i.d.R. nicht kennen. Metzger et al. beschreiben diesen Zustand, in dem kein klassischer Vertrag in Form eines Service-Level-Agreements (SLA) geschlossen wird, als Open Cloud. Der Fokus liegt dabei auf der weiteren vollautomatischen Nutzung der Angebote auf Grund der Vielzahl an Benutzern.[72]

---

[70] Vgl. Bröhl, B. (2011b): S.11
[71] Vgl. BITKOM (2009b): S.30
[72] Vgl. Metzger, C. et al. (2011e): S.19

3.1.3 Hybrid Cloud

Verwenden Unternehmen sowohl Ihre eigene Infrastruktur als auch virtualisierte IT-Ressourcen eines externen Dienstleisters, handelt es sich um eine Mischform des Cloud Computing. Diese wird als hybride Cloudform bezeichnet. In der Regel nutzen Unternehmen, die bereits eine private Cloud betreiben, zusätzlich Public Cloud Dienste, um Produktions-, Notfall- und Lastspitzen kurzfristig abfangen zu können. Beispiele dafür sind u.a. Jahresabschlüsse oder Hauptbuchungszeiten. IT-Dienste können dabei mit Schnittstellen und Informationen des Unternehmens zusammenarbeiten.[73]

Die Herausforderung für Unternehmen liegt in der Kombination der Varianten. Die IT-Umgebungen beider Welten müssen mit den Regeln der Geschäftsanwendungsfälle einhergehen. Die Integration muss dabei optimal auf die Erreichung der Geschäftsziele abgestimmt sein. Heterogene Umgebungen müssen sich für die Anwender homogen darstellen.[74] Eine Übersicht über die das Zusammenspiel der bisher beschriebenen Cloud Architekturen liefert Abbildung 10.

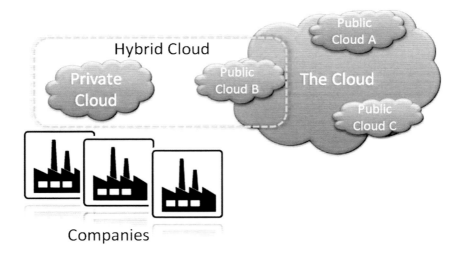

Abbildung 10: Public-, Private-, Hybrid Cloud[75]

---

[73] Vgl. Baun, C. et al. (2011c): S.29
[74] Vgl. BITKOM (2009c): S.30
[75] Quelle: eigene Darstellung in Anlehnung an Metzger, C. et al. (2011f): S.20

3.2 Delivery Modelle

Basierend auf den unterschiedlichen Infrastrukturmodellen, werden IT-Dienstleistungen im Cloud Computing in abgestuften Ebenen erbracht. Die Art der erbrachten IT-Dienstleistung umfasst dabei, angefangen von einer grundlegenden Infrastruktur bis hin zu einer kompletten Arbeitsplatzumgebung, sämtliche Bereiche. Hinter diesen Dienstleistungsangeboten steht ein entsprechendes Geschäftsmodell. Der Erlös erfolgt nachfrageorientiert bzw. verbrauchsabhängig. Die Kosten werden nutzungsorientiert in Rechnung gestellt und erfolgen nach einem (On-Demand)-Mietmodell.[76]

"Auf der untersten Ebene wird dem Kunden eine skalierbare IT-Infrastruktur ... zur Verfügung gestellt. Auf einer darüber liegenden Ebene existieren Plattformen, die Schnittstellen zur Cloud-Infrastruktur ... bereitstellen. Auf der obersten Ebene werden komplette Anwendungen und Dienste, z. B. CRM- oder Office-Lösungen angeboten."[77] Unter dem Akronym XaaS für Everything-as-a-Service[78] werden in der Praxis und der Literatur die folgenden IT-Liefermodelle als Infrastructure-as-a-Service (IaaS), Platform-as-a-Service (PaaS), Software-as-a-Service (SaaS) und Desktop-as-a-Service (DaaS) verstanden.

3.2.1 Infrastructure-as-a-Service (IaaS)

Auf der Ebene des Infrastructure-as-a-Service werden dem Kunden die Basisinfrastruktur des IT-Betriebs wie Speicherplatz, Rechenkapazität und Netzwerkressourcen zur Verfügung gestellt. Diese IT-Ressourcen sind dabei hochgradig virtualisiert und bieten deswegen eine hohe Flexibilität. Durch entsprechende Schnittstellen und einen gewissen Automatisierungsgrad können Ressourcen dynamisch hinzugefügt bzw. entfernt werden. Dem Kunden wird dabei eine Benutzerschnittstelle eröffnet durch diese er in der Lage ist, den Grad der Ressourcenallokation zu beeinflussen. Hierüber nutzt und beeinflusst der Kunde seine virtuelle Infrastruktur, z. B. durch die Anlage neuer Betriebssysteminstanzen.[79] Dieser Service muss dabei nicht zwangsweise über das Internet als Public Cloud-Lösung erbracht werden, sondern kann durchaus ein Dienst der IT-Abteilung des eigenen Unternehmens entstammen.

---

[76] Vgl. Weiner, N. et al. (2010a): S.12
[77] Repschläger, J. et al. (2010d): S.8
[78] Vgl. Baun, C. et al. (2011d): S.31
[79] Vgl. Baun, C. et al. (2011e): S.31f

Beispiele für öffentliche IaaS Speicherdienste und Angebote im Consumerbereich sind u.a. *Apples iCloud*, *Googles Drive* oder *Microsofts Skydrive*. Bis zu einem gewissen Bereich ist diese Servicedienstleistung gebührenfrei. Darüber hinaus, können Anwender, nach Entrichtung eines Kostenbeitrages, ihren Onlinespeicherplatz flexibel erhöhen und anpassen.[80] Für Unternehmen erweitert sich das Angebot um die entsprechenden Basisinfrastrukturdienste. Beispiele hierfür sind u.a. Amazons Web Services (AWS). Das Angebot umfasst derzeit die Bereitstellung von Rechenleistung und Festplattenplatz.[81]

3.2.2 Platform-as-a-Service (PaaS)

Beim sog. Platform-as-a-Service (PaaS) werden über die Basisinfrastruktur dem Anwender komplette Entwicklungsumgebungen inklusive Programmier- und Laufzeitumgebungen angeboten. Die typischen Service-Komponenten beinhalten neben der Bereitstellung digitaler Frameworks auch Datenbanken sowie Tools zur Programmintegration und –interaktion. Diese Ebene umfasst die Entwicklungsmöglichkeiten für alle Phasen des Softwarelebenszyklus. Sie schließt die Entwicklung, das strukturelle oder objektorientierte Design sowie die Migration der Applikation in bereits bestehende Anwendungen und Prozesse ein. Zielgruppe von PaaS-Lösungen sind nicht primär Endkunden, sondern vor allem Anwendungsentwickler oder Softwarehersteller.[82]

Nach BITKOM kennzeichnet sich ein PaaS Angebot durch die Integration in die eigene Entwicklungsumgebung etwa durch Standardisierung oder offene Programmierschnittstellen (APIs), Zugriffskontrolle im Rahmen von IT-Sicherheitstechnischen Maßnahmen und die Synchronisierung der Datenhaltung mit dem Datenbestand eines Kunden.[83]

Bekanntestes Beispiel nach Metzger et al. ist Microsofts PaaS-Umgebung *Azure*. Sie stellt Entwicklungsumgebungen des Softwareherstellers aus dem amerikanischen Redmond bereit. Neben den sog. Live-Diensten, welche z. B. die Nachrichtenübertragung oder die Standortbestimmung ermöglichen, kommt hier das .NET Framework als Entwicklungsumgebung zum Einsatz. Zusätzlich werden Datenbankdienste mit SQL, CRM-Dienste mit Dynamics und Groupware-Services mit Sharepoint angeboten.[84]

---

[80] Vgl. Metzger, C. et al. (2011f): S.35f
[81] Vgl. Repschläger, J. et al. (2010e): S.9f
[82] Vgl. Sondermann, K. (2011c): S.102
[83] Vgl. BITKOM (2009d): S.26f
[84] Vgl. Metzger, C. et al. (2011g): S.104f

Repschläger et al. erläutern die sog. App Engine von Google. Die Entwicklungsumgebung des Suchmaschinenanbieters unterstützt Programmiersprachen wie Java oder Python und bietet Schnittstellen zu anderen Google-Softwareprodukten.[85]

3.2.3 Software-as-a-Service (SaaS)

Die Grundidee dieser Bereitstellungsform ist die bedarfsgerechte Nutzung, Skalierung und Abrechnung von Anwendungen, die über Cloud-basierte IT-Infrastrukturen bereitgestellt werden. Applikation werden primär über das Netzwerk direkt zur Verfügung gestellt. Bei Anwendern entfällt dadurch die lokale Installation von Software oder die Bereitstellung von Hardwareressourcen. SaaS ist ein Liefermodell, welches sich bisher vorrangig an Web-Anwendungen orientiert. *"Die Kunden können sich selbst Ihre Accounts anlegen und verwalten, die Abrechnung erfolgt automatisiert. Client-seitig ist meist nur ein Browser erforderlich, manchmal auch mit Java, Flash oder Silverlight als Laufzeitumgebung."*[86] Die Datenverarbeitung läuft primär zentral. Ein weiteres Merkmal sieht Beckereit in der Selbstverwaltung der Anwender, die einen Supportaufwand durch den Anbieter weitestgehend minimiert. Weiterhin ändert sich das Nutzungsprinzip für den Anwender. So findet der Erwerb einer Softwarelizenz nicht mehr einen Kaufvertrag statt. Vielmehr werden dem Kunden diese Dienste als On-Demand oder Abonnement-Service angeboten. Die Kosten für ein Unternehmen stellen sich dadurch nicht mehr als Investition, sondern als Betriebsaufwand dar.[87] Metzger et al. ziehen einen Vergleich zu ähnlichen Merkmalen der Selbstverwaltung im Consumerbereich wie etwa bei der Handelsplattform eBay oder dem Amazon-Marketplace aber auch bei diversen freien Internet-Email-Accounts. Vorwiegend lässt sich dieses Liefermodell gerade in Public-Cloud Strukturen finden. Vor dem Hintergrund des Cloud Computing setzt sich SaaS vermehrt im Business-Bereich durch.[88]

---

[85] Vgl. Repschläger, J. et al. (2010f): S.11
[86] Beckereit, F. (2011b): S.86
[87] Vgl. Sondermann, K. (2011d): S.102f
[88] Vgl. Metzger, C. et al. (2011h): S.36

3.2.4 Desktop-as-a-Service (DaaS)

Um eine erweiterte Form des SaaS handelt es sich beim Desktop-as-a-Service (DaaS). Hierbei wird dem Anwender eine eigene Arbeitsumgebung präsentiert und zur Verfügung gestellt. Für den Service bzw. den Arbeitsplatzdesktop ist es dabei unerheblich, wie dieser virtualisiert wird. Meist sind es bisher doch vor allem Windows Desktop die entweder virtuell oder über einer Terminalserver-Emulation bereitgestellt werden. Dieser Service ist gerade für Unternehmen attraktiv, die im Begriff sind eine eigene private-Cloud Umgebung zu betreiben.[89] Hierdurch kann eine dezentrale Rechner- und PC-Infrastruktur aufgelöst werden. Produkte zur virtuellen Desktopbereitstellung gibt es derzeit von den Softwareherstellern Microsoft, VMware, Citrix und Red Hat. Letzterer Anbieter ist zudem in der Lage Linuxdesktops als virtuelle Arbeitsplätze bereitzustellen.

---

[89] Vgl. Höllwarth, T. (2011a): S.50

3.3 Übersicht und Ebenen der Cloud-Dienste

Die bisher vorgestellten Cloud Dienste und -Modelle lassen sich zusammenfassend gegenüberstellen und durchdringen dabei alle Ebenen des klassischen IT-Betriebs von dem Aufbau der Basisinfrastruktur bis zur Desktopbereitstellung. Je nach Modell übernimmt der Anbieter solcher Dienste entweder weniger oder mehr Aufgaben der IT durch Cloud Computing. In traditionellen IT-Umgebungen übernimmt die jeweilige Organisation selbst den Betrieb Ihrer IT-Systeme in Eigenregie. Je nach Cloud-Modell übernimmt hingegen die IT die Organisation selbst bzw. ein externer Cloud-Anbieter den Betrieb der IT-Dienste. Das SaaS- bzw. DaaS-Modell besitzt die höchste Form der Flexibilität, Standardisierung und Agilität. Im IaaS-Modell hingegen sind lediglich die infrastrukturellen Dienste berücksichtigt. Eine Übersicht über die Ebenen der Cloud Dienste ist in Abbildung 11 dargestellt.

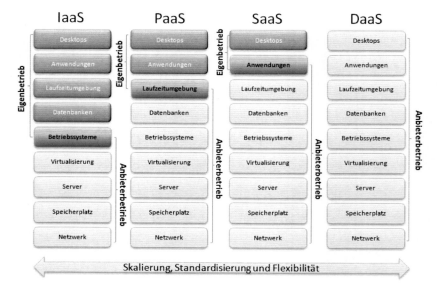

Abbildung 11: Ebenen der Cloud-Services[90]

---

[90] Quelle: eigene Darstellung in Anlehnung an Sondermann, K. (2011e): S.101

4. Implementierung von Cloud Computing in Unternehmen

Bei der Implementierung des Cloud Computing in Unternehmen existieren verschiedene Themenbereiche, die zu betrachten sind. Die Zurverfügungstellung von IT-Diensten über das Cloud Computing verlangt eine Neuordnung der traditionellen Sicht auf IT-Systeme. Geschäftsprozesse sowie rechtliche Aspekte müssen ggfs. neu definiert bzw. bedacht werden. Dieses Kapitel analysiert technische, organisatorische und rechtliche Rahmenbedingungen in Bezug auf die Implementierung einer Cloud Computing Architektur. Im Anschluss erfolgt eine Auswertung über den Implementierungsprozess beim Cloud Computing.

4.1 Technische Rahmenbedingungen

Durch Virtualisierung wird Cloud Computing für eine Vielzahl von Unternehmen zum Thema. Für den erfolgreichen Aufbau einer Private Cloud gelten eine Reihe von technischen Voraussetzungen. Diese umfassen die IT-Infrastruktur, sowie die Hochverfügbarkeit der Systeme. Der allgemeine Rechenzentrumsbetrieb mit den darin enthaltenen Werkzeugen zur Automatisierung trägt ebenso dazu bei.

4.1.1 IT-Infrastruktur

Die weitestgehende Virtualisierung bisheriger IT-Infrastruktur ist eine Grundvoraussetzung für späteres Cloud Computing. Die Gründe dafür sind die hohe Flexibilität der Virtualisierungssoftware und die Stabilität ihrer Hypervisor. Babcock beschreibt die Virtualisierung als Schlüsseltechnologie. *"Virtualization is one of the key technologies that gives the cloud its elastic quality, so that a user can enlist support from many servers and conversely, many users can receive services from the same server. Intel and AMD are routinely delivering CPUs ... that consist four cores. ... The number is a moving target; some 6-core CPUs are now available, and the manufacturers are headed for 8 and 12 cores soon. The number won't stop there."* [91]

In der Tat liegt die Dichte der Rechenkerne bedingt durch die rasche technologische Entwicklung der Prozessoren derzeit bei 10 bis 12 Kernen pro Sockel. In gleichem Maße wie die Entwicklung bei den CPUs bewegt sich auch die Entwicklung der Arbeits-

---

[91] Babcock, C. (2010b): S.53f

speicher. RAM Größen bis zu 16 GB pro Modul sind derzeit noch recht kostspielig aber dennoch keine Seltenheit. In der Zukunft sind im x86-Bereich Server mit 512 GB RAM oder auch 1 TB RAM möglich. Mit der erhöhten Anzahl der Rechenleistung physischer Server und der Leistungsfähigkeit der Virtualisierungssoftware lässt sich eine Vielzahl an Systemen auf den Virtualisierungshosts konsolidieren. Das Verhältnis liegt derzeit bei kleineren Systemen bis zu 1:128 bei größeren Systemen 1:256. Dies bedeutet, es können bis zu 256 Betriebssysteminstanzen auf einem Server betrieben werden.

Die Virtualisierung erweitert weiterhin die Fähigkeit virtueller Maschinen inkl. ihrer Anwendungen im laufenden Betrieb zwischen verschiedenen Virtualisierungshosts zu verschieben. Dabei wird der Inhalt des Arbeitsspeichers inklusive der gesamten virtuellen Maschine, ihrer Konfigurationsdaten und Einstellungen kopiert bzw. verschoben. Dieser Vorgang erfolgt je nach Größe und Geschwindigkeit des Netzwerks relativ schnell und beträgt mitunter nur wenige Sekunden. Keinen Einfluss hat dies auf laufende Anwendungen und Prozesse des Betriebssystems. Noch vor einigen Jahren löste der Gedanke, Betriebssysteme im laufenden Betrieb verschieben zu können, Unbehagen bei vielen IT-Verantwortlichen aus. Grund dafür war, dass die Technologie zunächst für unrealistisch bzw. gefährlich, und nicht funktionstüchtig gehalten wurde.[92] Der Softwarehersteller VMware führt seine vergleichbare Technologie unter dem Namen vMotion.[93] Bei Microsoft ist diese Funktion hingegen unter dem Begriff Live-Migration zu finden.[94] Heutzutage machen IT-Abteilungen von diesen Funktionen in der Praxis Gebrauch. Mechanismen innerhalb der Virtualisierungssoftware prüfen vorher die Kompatibilität der Operation. Eine erweiterte Form ist das Storage-vMotion bzw. Storage-Migration. Hier wurde die Funktion auf den virtuellen Festplattenplatz einer virtuellen Maschine erweitert. Dies hat einen Vorteil in der Flexibilität der Verwaltung der virtuellen Maschinen. Im Falle eines Hardwareausfalls oder einer Systemwartung können virtuelle Maschinen auf einen anderen Virtualisierungshost verschoben werden. Es entstehen somit keine Ausfallzeiten für die Betriebssysteme.

Eine weitere Grundlage, die IT-Infrastruktur für späteres Cloud Computing nutzbar zu machen, ist die Cluster-Bildung. Dabei arbeiten mehrere Virtualisierungshosts zusammen und stellen ihre jeweils eigenen Rechenkapazitäten als Ganzes zur Verfügung. Be-

---

[92] Vgl. Babcock, C. (2010c): S.58
[93] Vgl. VMware: http://www.vmware.com/files/de/pdf/vmotion_datasheet_de.pdf, Abruf am 22.04.2012
[94] Vgl. Microsoft: http://www.microsoft.com/en-us/download/details.aspx?id=12601, Abruf am 20.05.2012

triebssysteme und Anwendungen können so auf eine Summe an Systemressourcen zurückgreifen. Die Virtualisierungshosts arbeiten in einem Verbund zusammen. Jeder einzelne Host besitzt dabei Kenntnis über die momentane Auslastung der Gruppe bzw. jedes Mitglied des Verbunds. Die Einrichtung eines Clusters erfolgt in der Regel über eine separate Managementsoftware.[95] Der Informationsaustausch zwischen den Virtualisierungshosts erfolgt über eine Netzwerkverbindung. Die Statusmeldungen eines Hosts werden über den Clusterbeat erzeugt.

Weitere Gründe für eine Clusterbildung sind die Erhöhung der IT-Sicherheit sowie die damit verbundene Minimierung eines Ausfallrisikos. Clustersysteme stellen die Funktionalität einer Ressource sicher, wenn es einmal zu einem Hardwaredefekt oder zu einem Administrationsfehler kommen sollte. Um diese Funktionalität sicherstellen zu können, benötigen alle Mitglieder eines Clusterverbunds Zugriff auf geteilte Speicherressourcen. Diese liegen auf einem gemeinsamen Datenspeicher, der über ein spezielles Speichernetzwerk an die jeweiligen Hosts angebunden ist. Abbildung 12 veranschaulicht diese Struktur.

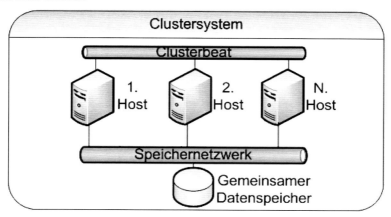

Abbildung 12: Clusterschema mit geteilten Speicherressourcen[96]

---

[95] Vgl. Höllwarth, T. (2011b): S.31
[96] Quelle: eigene Darstellung

Clustersysteme bestehen demnach aus einzelnen Virtualisierungshosts, einem Speichernetzwerk, mind. einem gemeinsamen Datenspeicher sowie einem Übertragungsnetzwerk für Status- und Konfigurationsmeldungen. Für den Betrieb einer Cloud-basierten Infrastruktur müssen die einzelnen Komponenten bestmöglich zusammenarbeiten und aufeinander abgestimmt sein. In den vergangenen Jahren lag der Fokus verschiedener Infrastrukturhersteller und Anbieter auf dem Vertrieb eigener Hardwarekomponenten. Den größten Anteil am Markt für Serversysteme haben derzeit IBM, DELL und Hewlett-Packard.[97] Für Speichersysteme im Terabytebereich stehen international IBM, EMC oder NetApp an vorderster Stelle.[98] Netzwerkausrüster wie CISCO sind auf den Aufbau einer geeigneten Netzwerkinfrastruktur spezialisiert.

Der derzeitige Trend bei Herstellern liegt, laut dem IT-Fachverlag Vogel IT-Medien GmbH, in einem maßgeschneiderten Gesamtangebot. Virtualisierungshosts, Netzwerkinfrastruktur und Speichersysteme werden in einem System aufeinander abgestimmt. Diese sog. konvergenten Systeme sind speziell für den Betrieb von Virtualisierungshypervisoren ausgelegt. Eine Managementsoftware sorgt für den Betrieb dieser Einheit aus Hosts, Netzwerk und Speicher. Zielgruppe für solche Systeme sind, laut Vogel IT-Medien GmbH, Unternehmen mit dem Fokus eine Private Cloud aufzubauen bzw. heterogene Systeme durch Konsolidierung abzulösen. Beispiel für die Zusammenarbeit der IT-Infrastrukturhersteller ist die Virtual Computing Environment Group (VCE). Das Unternehmen, welches u.a. von CISCO, VMware und EMC gegründet wurde, bietet ein konvergentes System als sog. *vBlock* für bis zu 3.000 - 6.000 virtuelle Maschinen an. Softwareseitig beinhalten diese Systeme ebenso einen passenden Hypervisor. Weitere Beispiele sind, das von der IBM geplante, *PureSystem,* Hewlett-Packards Angebot *Converged Infrastructure* oder Fujitsus *DI Block*.[99]

---

[97] Vgl. Gartner (2011): zitiert nach heise.de
http://www.heise.de/resale/meldung/Bericht-Server-Markt-waechst-weltweit-ausser-in-Westeuropa-1386869.html, Abruf am 16.05.2012
[98] Vgl. Garlet, U. (2011): Storage-Hersteller vor neuen Herausforderungen
http://www.crn.de/storage/artikel-89738.html, Abruf am 16.05.2012
[99] Roderer, U. (2012): Konvergente Systeme: Automatisierung, Skalierung und Cloud
http://www.searchdatacenter.de/themenbereiche/server-betriebssysteme/multiprozessor-server/articles/363196, Abruf am 16.05.2012

4.1.2 Verfügbarkeit und Ausfallsicherheit

Die Verfügbarkeit und Ausfallsicherheit von Cloudstrukturen und der darin enthaltenen IT-Dienste, sind weitere Schlüsselfaktoren bei der Anwendung von Cloud Computing. Das Vorhandensein und die Nutzbarkeit eines IT-Systems werden im Allgemeinen durch dessen Verfügbarkeit definiert. Nach Eckert ist die Verfügbarkeit eines Systems immer dann gewährleistet „ *... wenn authentifizierte und autorisierte Subjekte in der Wahrnehmung ihrer Berechtigung nicht unautorisiert beeinträchtigt werden.*"[100] Anwender müssen demnach auch zur Ausführung einer Anwendung berechtigt sein. Eckert sieht die Verfügbarkeit als ein zentrales Sicherheitsthema in der IT. Die Professorin für Informatik an der Technischen Universität in München unterscheidet zwischen autorisierten und unautorisierten Beeinträchtigung der Verfügbarkeit. So sind das Abhandeln von privilegierten Prozessen in der Virtualisierung oder geplante Wartungsarbeiten zwar eine Beeinträchtigung des IT-Systems, diese sind jedoch mit der Zeit notwendig bzw. gewollt. Bei der Bestimmung der Verfügbarkeit müssen demnach die unvorhergesehenen Fehler in Betracht gezogen werden. IT-Systeme und Anwendungen sollten möglichst durchgehend verfügbar sein.[101] Tabelle 1 verdeutlicht die prozentuale Verfügbarkeit eines IT-Systems und deren Ausfallzeit.

	Verfügbarkeit in Prozent	Ausfallzeit im Jahr
2 Neunen	99 %	3,7 Tage
3 Neunen	99,9 %	8,8 Stunden
4 Neunen	99,99 %	53 Minuten
5 Neunen	99,999 %	5.3 Minuten

Tabelle-1: Prozentuale Verfügbarkeit und Ausfallzeit[102]

Die Gegenüberstellung zeigt deutlich, dass selbst eine offensichtlich hohe Verfügbarkeit eines IT-Systems von 99% dennoch einen Ausfall von drei bis vier Tagen bedeuten kann. Je höher die Verfügbarkeit eines Systems ist, desto geringer ist dessen Ausfallzeit. Einer Studie des Internationalen Rechenzentrumsbetreibers Global Switch zufolge, be-

---
[100] Eckert, C. (2012a): S.10f
[101] Vgl. Eckert, C.(2012b): S.11
[102] Quelle: eigene Darstellung

ziffern 56% der deutschen Unternehmen die Kosten für einen einstündigen Ausfall der IT im Durchschnitt auf 15.000 Euro. Das Marktforschungsunternehmen AMR Research aus Düsseldorf schätzt hingegen die Kosten je nach Branche auf 100.000 bis 400.000 Euro. Dies liege daran, dass lediglich die zusätzliche Arbeitszeit für die Wiederherstellung der Systeme in der zuvor genannten Studie berücksichtigt werde. Nur ca. 54% der befragten Unternehmen ziehen Kosten durch indirekte Auswirkungen, etwa durch den möglichen Vertrauensverlust bei Kunden, mit in die Auswahl eines Produktes ein.[103] Eine der wesentlichen Gründe für den Erfolg der Virtualisierung in der IT ist die Konsolidierung mehrerer heterogener Systeme auf wenige Virtualisierungshosts. Die hohe Systemdichte reduziert zwar zu Beginn die Anzahl an physischen Systemen, jedoch steigt dadurch das Maß an virtuellen Instanzen. Gleichzeitig steigt zudem das Risiko, wenn eine hohe Anzahl an Systemen auf die Ressourcen eines Virtualisierungshosts zugreifen. Fällt dieser Host etwa durch einen Hard- oder Softwarefehler, einen Administrationsfehler, ein Spannungsdefizit oder durch Überbelastung aus, sind alle virtuellen Instanzen davon betroffen. Es bestünde die Möglichkeit, dass durch einen Fehler mehrere Systeme gleichzeitig ausgefallen sind. Die Konsolidierung erhöht die Ausfallwahrscheinlichkeit ihrer beteiligten Komponenten. Sowohl in der Literatur als auch in der Praxis wird die Zuverlässigkeit bzw. Ausfallsicherheit eines IT-Systems durch Ihre Fehleranfälligkeit gemessen. Die Durchschnittszeit bis ein Fehler auffällt wird als *mean-time-to-failure* (MTTF) bezeichnet. Weitere Kenngrößen der Verfügbarkeit sind die sog. *mean-time-between-failure* (MTBF) sowie die *mean-time-to-recovery* (MTTR).[104] Die MTBF gibt die Zeit zwischen zwei auftretenden Fehlern an, während die MTTR die Dauer der Reparatur des Systems angibt.

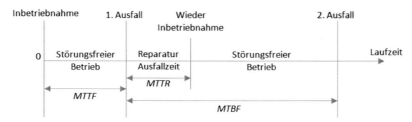

Abbildung 13: Interdependenzen zwischen den Verfügbarkeitskenngrößen[105]

---

[103] Vgl. Fritsche, J. (2012): Der Kampf mit den Elementen http://www.business-und-it.de/business/cm/page/page.php?table=pg&id=8719, Abruf am 09.05.2012
[104] Vgl. Weygant, Peter S. (2001a): S.18
[105] Quelle: eigene Darstellung in Anlehnung an Reif, K. (2012a): S.265

Die vorige Abbildung 13 gibt eine Übersicht über die drei Kenngrößen zur Messung der Verfügbarkeit. Damit eine hohe Verfügbarkeit erreicht wird, sollte die MTTF im Verhältnis zur MTTR möglichst hoch sein. Reif drückt die Verfügbarkeit mathematisch aus. Als Einheiten für die Kenngrößen sind dabei jeweils Stunden anzugeben.

Für die Verfügbarkeit in Prozent sei V definiert. Daraus ergibt sich.[106]

$$V = \frac{MTTF}{MTTF + MTTR}$$

Geht man beispielsweise von einer Verfügbarkeit von 99,9% aus Tabelle-1 aus, so ergibt sich bei einem Betrachtungszeitraum von einem Jahr eine Stundenanzahl von 365*24h, also 8.760 Stunden. Geht man weiterhin davon aus, dass die MTTR gleich der Ausfallzeit ist, so ergibt sich eine Verfügbarkeit von V = 99,9%.

$$99{,}9\,\% = \frac{8.760\ h}{8.760\ h + 8{,}8\ h}$$

Diese Annahme bedingt, dass der Fehler im Moment des Auftretens bereits erkannt und behoben wird. In der Praxis vergeht jedoch meist eine gewisse Zeit bis ein Fehler entdeckt wird, so dass sich die MTTR erhöht.

Für die Implementierung und Anwendung von Cloud Computing spielen Verfügbarkeit und Ausfallsicherheit eine wichtige Rolle. Vor allem, wenn die Geschäftsprozesse eines Unternehmen davon abhängig sind. Die Sicherstellung, Aufrechterhaltung und Kontrolle einer stetig hohen Verfügbarkeit, die die Bedürfnisse der unternehmerischen Geschäftstätigkeit nicht gefährdet, werden vermehrt zu primären Aufgaben von IT-Verantwortlichen. Sowohl beim Aufbau einer Private-Cloud, wie auch bei der Nutzung Public-Cloud Angeboten.

---

[106] Vgl. Reif, K. (2012b): S.265

4.1.3 Rechenzentrumsbetrieb

Moderne Rechenzentren stellen das Backend für jegliche Cloud-Services zur Verfügung. Sie beherbergen die physische Infrastruktur, auf der virtualisierte Rechenressourcen freigegeben werden können. Die primäre Datenverarbeitung eines Unternehmens wird in zentralen Rechenzentren abgewickelt. Für den sicheren und zuverlässigen Betrieb eines Rechenzentrums sind unterschiedliche Punkte zu berücksichtigen. Insbesondere trifft dies auch auf die Implementierung von Cloud Computing in Unternehmen zu.

Grundsätzlich gilt in Rechenzentren die Aufrechterhaltung der Stromversorgung. Hochverfügbarkeit und Zuverlässigkeit dürfen nicht nur von Serversystemen erwartet werden, sondern gelten in gleichem Maße für die Stromversorgung aller angeschlossenen Systeme. Erreicht werden kann dies durch den Einbau von mind. zwei Netzteilen in den Serversystemen. Nahezu jeder Server verfügt heute bereits bei einer Bestellung über redundante Netzteile. Dies schützt einerseits das System beim Ausfall eines Stromkreises wie auch vor dem Defekt eines Netzteils. Im Falle eines Fehlers kann die verbleibende Stromquelle den Server weiterhin mit Spannung versorgen, so dass der Host nicht beeinträchtigt wird. Zwischengeschaltete Stromspeicher, unterbrechungsfreie Stromversorgungen (USVs) übernehmen bei Ausfall des Stromkreises den Betrieb der Systeme. Diese batteriebetriebenen Aggregate gleichen auf der einen Seite evtl. auftretende Spannungsspitzen im Providernetz des Stromanbieters aus. Als weitere Aufgabe erfüllen Sie den Notbetrieb der IT-Infrastruktur und sind in der Lage angeschlossene Systeme kontrolliert herunterzufahren. Dies ist erforderlich, wenn evtl. Datenleitungen zwischen einem Rechenzentrum und dem Betreiber gestört werden. Bei getrennter Datenverbindung können die Systeme nicht mehr kontrolliert heruntergefahren werden. Zur Minimierung des Datenverlusts werden die Systeme in zuvor festgelegten Abständen von der USV selbständig heruntergefahren. Je nach Kapazität der Anlage und dem Energiebedarf der Systeme bei Stromausfall halten USVs den Strombedarf bis zu 120 Minuten aufrecht. USVs werde durch separate Dieselmotoren unterstützt, die ebenfalls Strom erzeugen. Um das Risiko eines Stromausfalls weiter zu minimieren arbeiten viele Unternehmen oder Rechenzentrumsbetreiber mit zwei unterschiedlichen Stromanbietern zusammen. Sollte ein Anbieter ein Lieferproblem haben, kann im Notfall auf einen weiteren ausgewichen werden.

Bereits bei der baulichen Grundkonstruktion von Rechenzentren ist darauf zu achten, dass Rechenzentren moderne Sicherheitsstandards erfüllen. Damit ist vor allem der Schutz vor elementaren Schäden wie Feuer oder Wasser gemeint. Gefahren durch Brände oder Überspannung müssen so klein wie möglich gehalten werden. Für den Katastrophenfall sollten Rechenzentrumsabschnitte brandtechnisch getrennt sein. Dies erreicht man durch den Bau separater Brandschutzabschnitte, in denen nicht brennbare bzw. isolierende Materialien eingesetzt werden. Brandmelder im Decken- und Bodenbereich sollen ein Feuer frühestmöglich erkennen, damit Gegenmaßnahmen eingeleitet werden können. Da die Gefahr während eines Brandes zusätzliche Kurzschlüsse durch Löschwasser zu verursachen zu hoch ist, enthalten Löschanlagen in Rechenzentren entweder Stickstoff oder das für den Menschen ungefährliche, Inergen-Gas.[107]

Die Konsolidierung der Rechnersysteme durch Virtualisierung führt auf der einen Seite zu einer geringeren Anzahl an Serversystemen, erhöht jedoch zugleich die Anzahl an virtuellen Systemen. Die einzelnen Virtualisisierungshosts erfahren dadurch eine höhere Einzelauslastung. Nicht selten liegt die Auslastung eines Virtualisierungshosts dann bei 60 – 80%. Die erhöhte Rechenleistung erhöht den Stromverbrauch und die Abwärme, die dabei erzeugt wird. Server besitzen wie andere mechanische Geräte einen Temperaturbereich in denen sie normal funktionieren und betriebsbereit sind. Wird dieser Korridor nach oben hin durch zu viel Wärme verlassen, besteht die Gefahr eines Kurzschlusses, einer Materialermüdung oder sogar Brandgefahr. Diese ungünstigen klimatischen Bedingungen müssen durch geeignete Kühlsysteme ausgeglichen werden.

Diese Sicherheitsbestimmungen gelten u.a. für eine Zertifizierung durch das Bundesamt für Sicherheit in der Informationstechnik (BSI). Auf Basis der Erfüllung der Grundschutzkataloge verteilt das BSI eine Sicherheitszertifizierung nach ISO Standard 27001. Weisen Cloudanbieter diese Zertifizierung nach, kann davon ausgegangen werden, dass das Unternehmen den Bestimmungen und Empfehlungen des Bundesamtes folgt. Gleichzeitig werden Regeln und internationale Normen zur Einhaltung der IT-Sicherheit angewandt und entsprechend dokumentiert.[108]

---

[107] Vgl. BSI (2011): Grundschutzkatalog G 0.1-8 S. 1-10
[108] Vgl. BSI (2012): Zertifizierungsschema für ISO 27001-Zertifizierung S.4

4.1.4 Automatisierung

Der Aufbau von hoch verfügbaren Virtualisierungsclustern führt in vielen Unternehmen meist auch zu einem Anwachsen der Virtualisierungsumgebung. Hinzu kommen stetige Anforderungen der Unternehmen an Ihre IT-Abteilung. Dies führt in Verbindung leicht zu einer überhöhten Anzahl an Systemen. Zwar geschieht dies meist virtuell, führt jedoch oftmals zu höherem Administrationsaufwand der einzelnen virtuellen Maschinen und Systeme. Es empfiehlt sich alltägliche Arbeitsschritte in der Verwaltung, wie etwa die Prüfung ausreichender Systemressourcen oder das Anlegen und Löschen von neuen Betriebssysteminstanzen, weitestgehend zu automatisieren.

Ziel ist es, den Administrationsaufwand und die Zeit für das Erstellen und Handhaben von virtuellen Maschinen und Anwendungen zu minimieren. Für das reibungslose Zusammenspiel der virtualisierten IT-Infrastrukturebenen müssen Automatismen und Schnittstellen genutzt und angepasst werden. Die Hersteller haben in den letzten Jahren vermehrt Schnittstellen und Automatismen in ihren Virtualisierungsprodukten integriert. Diese vereinfachen und automatisieren schon heute das Management von virtuellen Umgebungen Schritt für Schritt.

Die Entwicklung und Einhaltung von Integrationsstandards ist eine weitere Notwendigkeit für die Einführung eines Cloud-Dienstes. Programmierschnittstellen, insbesondere für IaaS- oder PaaS-Angebote, bilden die Grundlage für die Steuerung, die Kontrolle und die Abrechnung von Cloud-Services. Art und Funktionsumfang können je nach Hersteller und Produkt dabei unterschiedlich sein. Grafische Benutzerschnittstellen zur Steuerung eines Cloud-Service sind derzeit noch selten, gewinnen jedoch zunehmend an Bedeutung. Graphische Programme zur Nutzung eines Cloud-Services müssen von Administratoren bedient werden können, die nicht über ein Maß an Programmierkenntnissen verfügen. Sind Produkte oder Lösungen nicht kompatibel, gestaltet sich ein Wechsel hin zu einem anderen Cloud-Anbieter ggfs. als schwierig. Virtuelle Instanzen und Anwendungen müssen sich unabhängig von Herstellerplattformen oder Virtualisierungstechnologien bewegen lassen.[109] Ein Beispiel hierfür ist das sog. Open Virtualization Format (OVF)[110].

---

[109] Vgl. BITKOM (2009e): S.42f
[110] Vgl. Kusek C. et al. (2012a): S.306

Das Open Virtualization Format wurde für virtuelle Maschinen und Anwendungen von der Distributed Management Task Force (DMTF) entwickelt. Die DMTF ist eine technologische Kooperation von IT-Hardware und Softwareherstellern u.a. wie Microsoft, VMware, Red Hat, IBM und DELL, dessen Ziel es ist, gemeinsame Standards für Clouddienste zu erarbeiten.[111] Nach Kusek et al. haben *„Additional virtualization vendors have announced support for OVF in their products. Using OVF, creators of virtual appliances have a way of packaging and distributing their products in a format that multiple vendors will understand."*[112] Somit ist es möglich, virtuelle Applikationen auf unterschiedlichen Virtualisierungsherstellern zu migrieren und zu betreiben.

Weitere Beispiele für die Nutzung bzw. Offenlegung von Schnittstellen sind Microsofts *Powershell*[113] und VMwares *vSphere PowerCLI*.[114] Powershell ist eine objektorientierte Programmierumgebung mit denen sämtliche Befehle in fast allen gängigen Microsoft Produkten automatisiert werden können. Mit der Möglichkeit der Abspeicherung von wiederkehrenden Aufgaben als Skripte besteht die Möglichkeit Befehle in der Powershell von anderen Programmen ausführen zu lassen.

Mit der vSphere PowerCLI hingegen entwickelte VMware spezielle Methoden zum Zugriff auf die Verwaltung seiner Virtualisierungsprodukte. Die PowerCLI setzt dabei auf Microsofts PowerShell auf und verwendet neben VMware spezifischen Befehlen dieselbe Syntax wie das Produkt von Microsoft. Dekens et al. sehen in der PowerCLI in erster Linie ein Produkt, um im Fehlerfall schnell und rechtzeitig zu reagieren. *„One of the ... key user cases that are needed as a part of a disaster recovery (DR) solution or as part of an automated deployment solution that can be used repeatedly – You will be safe in the knowledge the script will produce a consistent an easy-to-use solution."*[115]

Das Verwenden von Programmierschnittstellen ist für den Aufbau und die Verwaltung eines Cloud-Services essentiell. Es erleichtert die Verwaltung und erhöht die Effizienz und Schnelligkeit bei dynamischen Benutzeranfragen.

---

[111] DMTF (2012): Open Virtualization Format http://dmtf.org/standards/ovf, Abruf am 20.05.2012
[112] Kusek C. et al. (2012b): S.306
[113] Microsoft (2012): Introducing Windows Powershell, http://msdn.microsoft.com/en-us/library/windows/desktop/ms714418(v=vs.85).aspx , Abruf am 20.05.2012
[114] VMware (2012): VMware vSphere PowerCLI User's Guide
http://www.vmware.com/support/developer/PowerCLI/PowerCLI501/doc/vsph_powercli_usg501.pdf, Abruf am 20.05.2012
[115] Vgl. Dekens, L. et al. (2011): S.4

4.2 Organisatorische Rahmenbedingungen

Eine Reihe von organisatorischen Rahmenbedingungen ist für die Einführung von Cloud notwendig. Oft scheitern IT-Projekte und technologische Veränderungen an der Organisationskultur eines Unternehmens. Die Einführung von Cloud Computing ist daher nur mit einer gleichzeitigen Verwendung eines Service- und Anforderungsmanagements effektiv. Die Fähigkeit verfügbare Systemressourcen leistungsbezogen zu erstellen und abzurechnen, ermöglicht die Voraussetzung für die Schaffung eines On-Demand Mietmodells. Die IT-Abteilung hat dadurch die Chance ihren eigenen Wertbeitrag für den Unternehmenserfolg zu identifizieren und zu erhöhen. Daraus können wiederum neue Geschäftsmodelle entstehen.

4.2.1 IT-Service-Management nach ITIL

IT-Prozesse müssen für die Implementierung von Cloud Computing umgestaltet werden. Gemeint ist hier insbesondere die Ablauforganisation innerhalb eines Unternehmens. *„Unter der Ablauforganisation versteht man die Gesamtheit aller in der Unternehmung abzuwickelnden Geschäftsprozesse."*[116]

Da es sich bei den verschiedenen Cloud Computing Diensten um einen IT-Service handelt (*as-a-Service*), brauchen diese Dienste neben der technischen Funktionalität zudem ein Servicemanagement. In der Praxis hat sich in den letzten Jahren eine wesentliche Vorgehensweise für das IT-Servicemanagement etabliert. Gemeint ist die IT Infrastructure Library (ITIL).[117] ITIL wurde zwischen 1989 und 1994 von der britischen Behörde CCTA (Central Computer and Telecommunication Agency) entwickelt. Ziel der Organisation war es, die öffentlich-rechtlichen Dienstleistungen der britischen Regierung durch die Nutzung der IT-Technologie zu verbessern. Köhler hebt die Wichtigkeit von ITIL wie folgt hervor.

„Innerhalb von ITIL sind Konzepte oder Frameworks (Rahmenrichtlinien) von IT-Profis aus der Praxis für die Praxis (best practices) beschrieben. Innerhalb der letzten Jahre ist ITIL zu einer allgemeinen Sprache, Leidfaden und Methodik für IT-Service Manager geworden, ..."[118] Auf den weiteren Seiten beschreibt Köhler einen Konflikt zwischen

---

[116] Frese, E. et al. (2012): S.68
[117] Köhler, P. (2005a): S.23
[118] Köhler, P. (2005b): S.24

der Veränderungen in Unternehmen bedingt durch die Einführung neuer IT-Systeme und einer Besitzstandwahrung von Abteilungen und Mitarbeitern. ITIL stellt eine geeignete Methode dar, um diesen Konflikt zu lösen. Die Richtlinien befassen sich jedoch weniger mit dem *WIE* als vielmehr mit dem *WAS* getan werden soll. Wie die Richtlinien im Unternehmen anzuwenden sind, ist in ITIL jeder Unternehmung selbst überlassen. Dies geschieht subsidiär in der Annahme, dass Unternehmen i.d.R. erfolgreicher sind, Vorgaben selbst in ihre eigenen Prozesse zu integrieren. Nach Köhler bietet ITIL eine Reihe von folgenden Vorteilen:

- ITIL beschreibt Prozesse für ein erfolgreiches Servicemanagement
- Es ist die Grundlage für eine effektive und effiziente Serviceerbringung
- ITIL beschreibt Prozesse und Verfahren die innerhalb der eigenen Unternehmung angepasst werden können und sorgt für Flexibilität
- Die Transparenz und die Bewertbarkeit von IT-Services werden ermöglicht
- Dies geschieht i.d.R. durch die Einführung von Kennzahlen.[119]

Allgemein ist ITIL eine zu umfassende Sammlung von Richtlinien. Ziel dieser Untersuchung ist es, einen kurzen Überblick auf die Verbindung zum Thema Cloud Computing zu geben. Neben der Sicherstellung eines Service umfasst ITIL Empfehlungen für alle Bereiche der IT. Darunter fallen nach Köhler insgesamt sieben Bestandteile:

- Business Perspective – (Die betriebswirtschaftliche Perspektive)
- Application Management – (Management der Anwendungen)
- Security Management – (Management der IT-Sicherheit)
- Infrastructure Management – (Management der IT-Infrastruktur)
- Planning to Implement Service Management - (Einführung von Services)
- Service Delivery – (Planung und Lieferung von IT-Services)
- Service Support – (Unterstützung und Betrieb der IT-Services).[120]

Beim Cloud Computing handelt es sich vorwiegend, um die Erbringung von Services. Aus diesem Grund spielt in Bezug auf ITIL der Aspekt des *Service Delivery* eine wichtige Rolle. Mit der Anwendung der fünf Bestandteile des Service Delivery aus ITIL nach Köhler, stellt sich die Erbringung eines Cloud Service wie folgt dar.

---

[119] Vgl. Köhler, P. (2005c): S.26
[120] Vgl. Köhler, P. (2005d): S.38

Cloud Service Delivery nach ITIL	
Service Level Management	Stellt die Einhaltung von Vereinbarungen zwischen Cloud-Anbieter und Cloud-Nutzer sicher. Eskalationsstufen sind klar definiert und mit Personen bzw. Abteilungen für Verantwortlichkeiten gekennzeichnet.
Continuity Management	Erstellt ein Verfahren für die Erbringung der IT-Services, wenn diese ausgefallen oder funktionsbeeinträchtigt sind. Ersatzsysteme und Redundanzen sind hier beschrieben. Zudem erstreckt es sich auf Prozesse und Pläne, wie in einem Produktionsausfall zu verfahren ist, damit der Service schnell wieder zur Verfügung steht.
Availability Management	Stellt die Hochverfügbarkeit eines Cloud-Service sicher. Im Vorfeld kann die Hochverfügbarkeit getestet und gemessen werden. Audits zur Sicherheit und Stabilität sollten von einem unabhängigen Dritten z. B. vom TÜV durchgeführt werden.
Capacity Management	Verringerung von Risiken durch Kapazitätsengpässe. IT-Ressourcen werden dann zur Verfügung gestellt, wenn Sie gebraucht werden und im Vorfeld vorausschauend geplant. Beispiele dafür sind die Auswahl einer Internetleitung mit ausreichender Datenbandbreite, aber auch die Zurverfügungstellung von Servicepersonal.
Financial Management	Wirtschaftliche Betrachtung der eingeleiteten Maßnahmen zur Erbringung des Cloud-Service. Verursachergerechte Kostenzuweisungen können hier zur Transparenz beitragen. Komplexes Entscheidungskriterium für die Ein- oder Auslagerung von IT-Servicebestandteilen.

Tabelle-2: Bestandteile des Bausteins ITIL Service Delivery[121]

---

[121] Vgl. Köhler, P. (2005e): S.47ff

4.2.2 Verbrauchsbezogene Leistungsverrechnung

Bei der verbrauchsbezogenden Leistungsverrechnung, geht es vorrangig, um eine verursachergerechte Ermittlung der anfallenden Kosten durch die Erbringung eines Cloud-Service. Weiterhin geht es um die Schaffung eines betriebswirtschaftlichen Abrechnungsmodells. *„Für jeden bereitgestellten Service sind die anteiligen Kostenarten zu ermitteln: bereitgestellte Software, Energiekosten wie Strom, andere Betriebskosten, aber auch Arbeitsschritte für die Bereitstellung und den Betrieb."*[122] Für den Teamleiter Systems Management, Staub, beim IT-Dienstleister MATERNA GmbH, müssen diese Informationen als Basis für ein kostendeckendes Modell einfließen.

Yurtkuran et al. erkannten bereits 2003 die Gefahr bei einer Gegenüberstellung von Kosten und Leistungen durch Pauschalisierungen über eine Kostenumlage. *„Je undurchsichtiger die Leistungen der einzelnen Abteilungen sind, desto eher drohen pauschale Einschnitte."*[123] Dieser Satz erhält bei der Betrachtung des Cloud Computing auch eine wörtliche Bedeutung. Eine transparente Aufschlüsselung von Kosten und eine verursachergerechte Abrechnung bildet weiterhin die Grundlage, um Kosten zu senken und Einsparpotenziale zu erkennen. Eine Leistungsverrechnung hilft jedoch auch bei der Identifikation der in Anspruch genommenen Cloud Dienstleistungen. Ziel ist es, die Kosten möglichst transparent an den Nutzer des Service weiterzugeben.[124] Leistungsarbeiten lassen sich in der IT in folgende Bereiche gliedern:

- Systembetrieb
- Systementwicklung
- Systemwartung
- Benutzerberatung und Benutzerbetreuung.[125]

Für eine genaue Leistungsberechnung ist es zunächst erforderlich die kostenverursachenden Einzelposten einer Cloud-Dienstleistung zu ermitteln. Darunter zählen Kosten der IT-Infrastruktur, sowie Personalkosten für Instandhaltung und Betreuung. Systementwicklung, Systemwartung sowie Benutzerbetreuung sind Personalleistungen und werden nach Yurtkuran et al. nach Zeitaufwand sowie Art der Tätigkeit berechnet. Beispiele dafür sind Analytikerstunden, Beraterstunden, Programmierstunden, Administra-

---
[122] Staub, J. (2011): S.17
[123] Yurtkuran, S. et al. (2003a): S.3
[124] Vgl. Yurtkuran, S. et al. (2003b): S.3
[125] Vgl. Yurtkuran, S. et al. (2003c): S.14

torstunden. Bezugsgrößen für Komponenten der Cloud Infrastruktur lassen sich mit denen aus der Aufstellung von Yurtkuran et al. vergleichen.[126] Die folgenden Zahlen werden in der IT auch als *Key-Performance-Indicator* (KPI) bezeichnet.

Messgrößen der technischen IT-Infrastruktur für Cloud Leistungen

Zentrale Serverinfrastruktur	CPU-Zeit, Anzahl der virtuellen Maschinen, zugeordneter Arbeitsspeicher, Anzahl der virtuellen CPUs, angeforderte und tatsächlich genutzte/verbrauchte CPU und Speicherzeit, Verfügbarkeit und Ausfallsicherheit
Datenspeicher	Festplattenschreib- und Lesezugriffe, permanent und temporär belegter Speicherplatz, Backupzeit, Sicherungsbänder, Backupplatz
Datenbanken	Datenbankgröße, Anzahl der Lese und Schreibanforderungen, Datenbankperformanz, Anzahl gleichzeitiger Abfragen, Abfragezeit, Anzahl der Schnittstellen
Netzwerke	Netzwerkanschlüsse, Bandbreite, Netzwerkredundanz, übertragene Datenmenge, Geschwindigkeit, Datenvolumen, Netzwerkzugriffe
Endgeräte	PCs, Workstations, mobile Endgeräte, Laptops

Tabelle-3: Messgrößen der technischen IT-Infrastruktur für Cloud Leistungen[127]

Zu den Kosten der unmittelbaren technischen Leistung kommen für gewöhnlich noch weitere hinzu. Wenn Cloud Leistungen aus verschiedenen Rechenzentren erbracht werden kommen meist noch Kosten für eine Netzwerkverbindung zwischen den Standorten hinzu.

Die bisherigen Leistungsarten lassen sich im Einzelnen ermitteln und aufsummieren, um gezielt in bestimmten Dienstleistungen verrechnet zu werden. Komplizierter ist es bei der Berechnung der Gemeinkosten. Gemeinkosten sind, nach Bachert, Kosten, die nicht direkt einem Kostenträger (Kostenverursacher) zuordnen lassen. Dennoch sind sie

---

[126] Vgl. Yurtkuran, S. et al. (2003d): S.15f
[127] Quelle: eigene Darstellung in Anlehnung an Yurtkuran, S. et al. (2003e): S.16f

zwingend dazu nötig, um die Produktion aufrecht zu erhalten.[128] Bei Dienstleistungen in der Cloud ist das nicht anders. Beispiele für Gemeinkosten sind der Energieverbrauch der Rechenzentren, Instandhaltungskosten der Infrastruktur sowie Personaldienstleistungen und Mietkosten. Eine Einzelzuordnung ist an dieser Stelle nur noch mit sehr großem Aufwand möglich. Diese Kosten werden für gewöhnlich durch die Bildung eines Umlageschlüssels aufgeteilt. Dabei ist es notwendig, Leistungsempfängern auch Kosten in Rechnung zu stellen, die Sie selbst nicht verursacht haben. Diese dienen dazu, die Preise für Cloud Dienstleistungen möglichst genau zu beziffern.[129]

Voraussetzung für die Aufstellung einer Leistungsverrechnung, ist die Ermittlung und Bestimmung von Verrechnungspreisen. Verrechnungspreise werden bezeichnet als *„Wertansätze für innerbetrieblich erstellte Leistungen ..., die von anderen rechnerisch abgegrenzten Unternehmensbereichen bezogen worden."*[130] Sie verstehen sich als Fiktion eines internen Marktes im Unternehmen. Für die Bestimmung von Verrechnungspreisen lassen sich insgesamt zwei unterschiedliche Methoden verwenden. Darunter zählen die marktorientierte Sicht und die kostenorientierte Sicht.

Wenn es sich um vergleichbare Cloud-Leistungen handelt, kann eine Verrechnung auf Grundlage von durchschnittlichen Marktpreisen erfolgen. Dabei wird der niedrigste und der höchste Preis aus der Wertung herausgenommen und ein Mittelwert über die verbleibenden Marktpreise gebildet. Der dadurch ermittelte Preis gilt als Maßstab für die Verrechnung der IT-Dienstleistung. Ein durchschnittlicher Marktpreis wird angenommen, um evtl. Preisschwankungen und Leistungsunterschiede zu berücksichtigen. Verrechnungspreise, die aus Marktpreisen abgeleitet wurden, haben den Vorteil, dass sie leicht nachprüfbar und sehr eingeschränkt manipulierbar sind. Nachteilig ist die aufwendige Ermittlung durch einen detaillierten Anbietervergleich. Zudem besteht die Gefahr einer Überbewertung. Die Marktvergleichbarkeit birgt das Risiko der Auslagerung von bestimmten IT-Services. Dies ist der Fall, wenn der ermittelte Marktpreis unter dem, der eigenen IT-Abteilung bzw. des Unternehmens ist.[131]

Ist eine vergleichbare Leistung auf dem Markt nicht verfügbar, bzw. handelt es sich um Kerngeschäftsprozesse aus denen das Unternehmen seinen Wettbewerbsvorteil erzielt,

---

[128] Vgl. Bachert, R. (2004): S.112
[129] Vgl. Yutkuran, S. et al. (2003e): S.16
[130] Ewert, R.; Wagenhofer, A. (2005): S.575
[131] Vgl. Weber, J.; Schäffer, U. (2008a): S.208

werden Kostenpreise ermittelt. Die Ableitung von Kostenpreisen erfolgt durch die Analyse von anfallenden Kosten für einen IT-Service. Sie orientieren sich dabei an der Höhe der für die Leistung zu deckenden Kosten. Kostenpreise haben den Vorteil, dass sie sich relativ leicht ermitteln lassen. Hierfür können Daten aus dem laufenden Rechnungswesen bezogen werden. Zudem stärken sie das Bewusstsein für ein kostenbewusstes Verhalten bei IT-Verantwortlichen und Mitarbeitern.[132]

4.2.3 Wertbeitrag der IT

Methoden zur Preisverrechnung können dabei helfen die Wirtschaftlichkeit eines Cloud- Service zu bestimmen. Sie bieten die Chance den Wertbeitrag der Informationstechnik für den Unternehmenserfolg zu messen und neue Geschäftsfelder zu akquirieren. Der Wertbeitrag der IT bezeichnet den monetär messbaren Anteil zum Unternehmensergebnis, der durch den Einsatz von informationstechnischen Maßnahmen erreicht wurde. Dennoch sind nach Neumann et al. Weiterentwicklungen notwendig. *„Trotz der in den letzten Jahren erreichten effizienten und transparenten Strukturen ist eine Weiterentwicklung notwendig, um nicht ausschließlich als Kostenfaktor im Unternehmen wahrgenommen zu werden. Dazu muss die IT den von ihr erbrachten Wertbeitrag innerhalb der Geschäftsprozesse nachvollziehbar aufzeigen sowie neue, singuläre Geschäftsprozesse zur Schaffung von Marktvorteilen bieten."*[133] Die IT sieht sich dadurch in der gegenwärtigen Position einem gewissen Kostendruck ausgesetzt. Das Cloud Computing bietet die Chance sich dadurch zum Partner für die Sicherung von strategischen Wettbewerbsvorteilen zu entwickeln. Der Marktforscher IDC hat 2011 eine Studie in Auftrag gegeben in der 203 IT-Verantwortliche in Unternehmen befragt wurden, welche Methoden sie zur Darstellung des IT-Wertbeitrags verwenden. 54 Prozent der Befragten gaben an primär durch Reduzierung der IT-Kosten den Wert der eigenen Leistung steigern zu wollen. Ersparnisse durch die Reduzierung der Durchlaufzeiten von IT-Prozessen erhofften sich 39 Prozent. Etwa jeweils ein Drittel der Befragten bestimmen dazu gezielt Anwendungsfälle in Unternehmen oder sehen die Reduzierung von Reaktionszeiten als Hauptmethode.[134]

---

[132] Vgl. Weber, J.; Schäffer, U. (2008b): S.260
[133] Neumann, M. et al. (2010a): S. 85
[134] Vgl. IDC (2011): http://globalsp.ts.fujitsu.com/dmsp/Publications/public/wp-idc-reshaping-it-de.pdf, Abruf am 30.05.2012

Neumann et al. sehen dies als ein Problem. „*Vielfach werden die Wertbeiträge der IT noch in Form von reduzierten IT-Kosten und gesteigerter Effizienz der IT-Prozesse ausgewiesen ... .Deshalb bedarf es konkreter Bewertungs- und Evaluierungsmethoden, die alle durch IT realisierten Vorteile (quantifizierbare sowie nicht quantifizierbare) innerhalb der Kundenprozesse aufzuzeigen vermögen.*"[135]

Die Autoren stellen weiterhin fest, dass das zuvor vorgestellte Rahmenmodell Cloud Service Delivery Modell nach dem ITIL Ansatz nicht dazu ausreicht, um diese Ziele zu erreichen. Demnach seien strategische Prozesse ausschließlich auf die IT ausgerichtet. Operative Prozesse werden hingegen so gut wie kaum beschrieben. Ergebnisse aktueller Forschungsstudien zum Thema Cloud werden bei ITIL ebenso nicht berücksichtigt.[136]

Ein Ansatz zur Erzielung von Wettbewerbsvorteilen wird in der Betriebswirtschaftlehre als *Resourced-based-View* (RBV) bezeichnet. Nach diesem Ansatz kann ein Unternehmen Wettbewerbsvorteile erzielen, wenn es intern für wettbewerbsrelevante Ressourcen sorgt, die es von anderen Unternehmen unterscheidet. Diese Ressourcen sollten strategisch eingesetzt werden und lassen sich nur schwer imitieren bzw. substituieren. Beispiele dafür sind individuell geschaffene Kerngeschäftsprozesse des Unternehmens. Zudem jedoch auch marktindividuelles Wissen der Mitarbeiter. Cloud-Services können diese Bedingung jedoch alleine nicht erfüllen. Entscheidend ist eine Kombination aus prozessspezifischem Wissen und technischer Expertise. Neumann et al. befragten dazu unterschiedliche IT-Verantwortliche. Aus ihrer Untersuchung geht hervor, dass Wettbewerbsvorteile im IT-Bereich insbesondere durch das unternehmensindividuelle Wissen der IT-Mitarbeiter aufgebaut wird. Dies ermöglicht primär die Erstellung von Konzepten und Lösungen. Dazu sind systematische Organisationstrukturen und Rollen notwendig, um ein reibungsloses und produktives Zusammenarbeiten zu gewährleisten.[137]

---

[135] Neumann, M. et al. (2010b): S. 86
[136] Vgl. Neumann, M. et al. (2010c): S. 86
[137] Vgl. Neumann, M. et al. (2010d): S. 87f

4.3 Rechtliche Rahmenbedingungen

Noch vor der Planung der Implementierung von Cloud-Diensten im Unternehmen muss eine Reihe an rechtlichen Fragen geklärt werden. Nach Höllwarth besteht eine „ ... *große Unsicherheit, wie schwerwiegend sich die juristischen Aspekte auf die Stellung des Unternehmens auswirken können.*"[138] Aus diesem Grund befassen sich die folgenden Seiten mit rechtlichen Auslegung sowie Vorbereitung des Cloud Themas.

4.3.1 Anwendbares Recht

Das Recht von Staaten einen Sachverhalt Ihrer eigenen Gerichtsbarkeit bzw. Rechtsordnung zu unterwerfen wird als Gerichtsbarkeit oder Jurisdiktion bezeichnet. Sie ist Ausdruck Ihrer nationalen Souveränität. Derweil ist der Geltungsbereich des staatlichen Rechts auf die nationalen Grenzen beschränkt. Jedoch kann es vorkommen, dass Staaten Rechtsvorgänge und Personen erreichen wollen, die außerhalb dieses Bereiches liegen.[139] Während international jeder Staat seine eigene Rechtsordnung besitzt, werden nach der derzeitigen Rechtsordnung in der Europäischen Union (EU) gesetzliche Regelungen der EU-Ebene in nationales Recht übertragen. So ist in der EU beispielsweise die Frage des Gerichtsstands geregelt. Sie gibt eine Antwort auf die Frage, welches Recht anwendbar ist. Ein Beispiel dafür ist das Datenschutzrecht. Es spielt in Bezug auf die Verarbeitung von personenbezogenen Daten eine wichtige Rolle. Die nationalen Datenschutzrechte sind in der EU durch die Europäische Datenschutzrichtlinie spezialisiert. Hier gilt das *Sitzstaatsprinzip*. Hiernach gilt das jeweils nationale Recht des Staates, sobald ein Auftraggeber respektive der Nutzer eines Cloud-Modells seinen Sitz oder eine rechtlich unabhängige Niederlassung innerhalb der EU bzw. dem Europäischen Wirtschaftsraum (EWR) hat. Der physische Ort der Datenverarbeitung spielt dabei über Ländergrenzen hinweg keine Rolle. Innerhalb der EU zählt daher das Recht des Auftragsgebers. Höllwarth stellt weiter dennoch fest, dass *"... der Nutzer von Cloud-Services grundsätzlich die Verantwortung für eine zulässige und rechtmäßige Datenverwendung trägt."*[140]

In Verbindung mit dem *Sitzstaatsprinzip* kommt auch das sog. *Territorialprinzip* zur Anwendung. Hierbei ist der Ort der Datenverarbeitung und Speicherung der Ausgangs-

---

[138] Höllwarth, T. (2011c): S.75
[139] Vgl. Höllwarth, T. (2011d): S.75
[140] Höllwarth, T. (2011e): S.79

punkt für die Anwendung von jeweils nationalen Rechten. Dies gilt für Nutzer und Anbieter, die ihren Sitz nicht in einem EU-Mitgliedsstaat haben. Demnach kommt das deutsche Datenschutzrecht bei einem Cloudanbieter zum Einsatz, der auf Ressourcen zurückgreift, die innerhalb der Bundesrepublik verarbeitet werden. [141]

Für die Einhaltung von weiteren Regelungen sorgen Compliance-Regeln. Der englische Begriff beschreibt die Einhaltung von Geschäftsregeln, die Länder- oder branchenspezifisch unterschiedlich sein können. In Bezug auf das Cloud Computing sind damit insbesondere verwaltungsrechtliche Bestimmungen gemeint. Dazu gehören unter anderem Bewilligungsvoraussetzungen, Melde- und Informationspflichten sowie weitere branchenspezifische Regulierungen. Diese Verwaltungsregeln bestimmen in Teilen das anwendbare Recht, sind jedoch in vielen Ländern noch nicht hinreichend anerkannt. Die Herausforderung liegt bei der Bestimmung des gültigen Rechts. Dabei muss die Frage beantwortet werden, inwieweit internationales Recht mit nationalem Recht in Verbindung gebracht werden kann.[142]

Es lässt sich daher festhalten, dass in einem Nicht-EU Staat grundsätzlich das nationale Recht nach dem Territorialprinzip gilt. Werden hingegen personenbezogene Daten verarbeitet, so gilt das jeweilige Datenschutzrecht des Landes indem sich der Auftraggeber bzw. der Kunde befindet. Die Auswirkungen dieser öffentlich-rechtlichen Normen können in einem Vertrag z. B. durch die Rechtswahlfreiheit der Vertragspartner nicht ausgehebelt werden. Ein bekanntes Beispiel hierfür ist die Einschränkung bei US-amerikanischen IT-Dienstleistern und Cloud-Anbietern. Der, von der amerikanischen Regierung nach den Anschlägen vom 11. September 2001 beschlossene, sog. *Patriot-Act* verpflichtet u.a. die Informationsanbieter bei Anfrage Daten und Informationen über Ihre Kunden an die amerikanischen Sicherheitsbehörden weiterzuleiten. Auch US-Unternehmen, die Teile Ihrer Datenverarbeitung in Europa anbieten und auslagern, sind verpflichtet den Zugriff auf diese Daten zu gewähren.[143]

---

[141] Vgl. Höllwarth, T. (2011f): S.79
[142] Vgl. Höllwarth, T. (2011g): S.82
[143] Vgl. Höllwarth, T. (2011h): S.82f

4.3.2 Vertragliche Gestaltung von Service Level Agreements (SLAs)

Die IT-Dienstleistungen, die durch das Cloud Computing erbracht werden, sind meist sehr komplex und vielseitig, so dass sie sich in keinen einheitlichen Vertragstypus des Bürgerlichen Gesetzbuches (BGB) einordnen lassen. So kennt das BGB neben dem Kauf, der Miete noch die Werksleistung oder die Dienstleistung. Die vertragliche Einordnung muss vielmehr die einzelnen Leistungsbestandteile differenzieren. Insgesamt kann dabei von einem typengemischten Vertrag ausgegangen werden.[144] Auf Grund der Vielfältigkeit der Cloud Services bedarf es einer inhaltlichen Eingrenzung sowie einer genauen Leistungsbeschreibung. Dieser Vertrag wird als SLA bezeichnet. Ein Beispiel, für eine genaue Leistungsbeschreibung ist der Zugang über das Internet. Hier ist festzuhalten, ob der Zugang zum Internet, z. B. bei Public-Cloud Services, zum Leistungsangebot des Anbieters gehört oder nicht. Diese, auf den ersten Blick selbstverständliche, Leistung erleichtert im Falle eines Rechtsstreits die Beweisführung. Dies kann bei drohender Nichteinhaltung zum Konflikt führen.[145] Ein Vertrag über Cloud Computing lässt sich nach Eckert in zwei wesentliche Bestandteile unterteilen.

1. Leistungsbeschreibung
2. Juristischer Anhang zur Absicherung

Diese Teile müssen weiterhin folgende vier Anforderungen erfüllen.

- ➢ Klarheit
- ➢ Übersichtlichkeit
- ➢ Nachvollziehbarkeit durch einen Dritten
- ➢ Glossar zur Vermeidung von vermeintlich klaren Fachbegriffen

Die Vertragsparteien müssen unabhängig davon, um welche IT-Dienstleistungen es sich handelt, dasselbe darunter verstehen. Nicht selten geschieht nach Eckert der Versuch der Definition von Fachbegriffen, über die jedoch allgemeine Unsicherheit herrsche. Langfristig gesehen, sind im Streitfall meist nicht mehr die Personen beteiligt, die den Vertrag einmal aushandelten. Der Inhalt des Vertrages muss darüber hinaus verstanden werden.[146]

---

[144] Vgl. Eckhardt, J. (2011a): S. 166
[145] Vgl. Eckhardt, J. (2011b): S. 168
[146] Vgl. Eckhardt, J. (2011c): S. 170

Eckart führt in seinem Abschnitt „*Cloud Computing als Mietvertrag*"[147] ein Beispiel des Bundesgerichtshof (BGH) an. Der BGH in Karlsruhe hat in seiner Grundsatzentscheidung vom 15.11.2006 (Az. XII ZR 120/04) festgestellt, dass auf Cloud Computingverträge Mietvertragsrecht anzuwenden ist. Demnach gilt das Mietvertragsrecht nach den §§ 535 ff. BGB. Anbieter überlassen Software oder Hardware auf Zeit eine bestimmte Funktionalität. „*Es sei nicht erkennbar, warum (nur) wegen der verwendeten Virtualisierungstechnik eine andere Bewertung stattfinden sollte. Daher ist davon auszugehen, dass SaaS und PaaS aber auch ... IaaS ... nach dem Mietrecht beurteilt werden.*"[148]

Auf Grund des im Mietrecht ansässigen § 535 *Inhalt und Hauptplichten des Mietvertrags*, ist ein Vermieter dazu verpflichtet einen Mietgegenstand einem Mieter zum vertragsgemäßen Gebrauch in einem geeigneten Zustand zu überlassen und diesen Zustand über eine Vertragslaufzeit aufrecht zu erhalten.[149] Eine 100%ige Zurverfügungstellung ist technisch jedoch nicht möglich. Aus diesem Grund empfiehlt es sich die *Verfügbarkeit* als Leistungsbeschreibung in einen Vertrag aufzunehmen. Die Aufnahme als Leistungsbeschreibung unterliegt nach Eckart nicht einer Prüfung in den Allgemeinen Geschäftsbedingungen (AGB) und definiert die Art und den Umfang der Dienstleistung. Die Verfügbarkeit wird vertraglich in Form einer Quote festgelegt. Die Quote bezieht sich dabei nur auf Beeinträchtigungen der Verfügbarkeit, die auf Verschulden des Anbieters zurückzuführen sind. Die Garantie der Verfügbarkeit ist dabei von der Performanz der benutzten Software zu unterscheiden. Sie wird allgemein ausgedrückt als Reaktionsgeschwindigkeit oder Antwortzeit auf Anfragen. Sie beeinflusst rechtlich nicht die Verfügbarkeit der Software. Nach welchem Maßstab eine Software eine gewollte Rechenoperation ausführt, sollte dennoch vertraglich festgelegt werden, um evtl. Unmut der beteiligten Vertragsparteien zu vermeiden. Dies ist auch notwendig, da Anwender von Cloud Services die gewünschte Performanz nicht einfach durch Maßnahmen an seinem eigenen System beeinflussen können. In einem solchen Fall müsste der Nutzer zusätzliche Ressourcen beim Cloudanbieter hinzukaufen.[150] Als eine Regelungsmöglichkeit im Zusammenhang mit Cloud Computing werden SLAs vereinbart.

---

[147] Eckhardt, J. (2011d): S. 170
[148] Eckhardt, J. (2011e): S. 171
[149] Vgl. BGB (2009): §535 http://www.gesetze-im-internet.de/bgb/__535.html, Abruf am 19.05.2012
[150] Vgl. Eckhardt, J. (2011f): S. 171

Die Grundstruktur eines SLA ist nach Eckert dabei:

- ➢ Die Festlegung eines Qualitätsstandards in Bezug auf eine messbare Leistung eines Cloud Computing Anbieters.
- ➢ Eine Kontrollregelung zur Einhaltung von Vertragsvorgaben.
- ➢ Die Schaffung einer Sanktionsregelung bei Nichteinhaltung der Vorgaben bzw. Bonus-Regelungen für die Übererfüllung von Vorgaben.[151]

Konkrete Inhalte in Bezug auf SLAs sind z. B. die Support-Fähigkeiten, Angaben zur Fehlerbehebung sowie Datensicherungsmaßnahmen. Unter dem bereitgestellten Support versteht man den Umfang an Hilfs- und Unterstützungsleistungen seitens des Anbieters im Problemfall. Der Umfang des Supports kann von einer einfachen Beratungsleistung bis hin zur Fehlerbehebung gehen. Messbar ist eine Leistung, wenn der Anbieter vertraglich zu einem Erfolg bzw. zur Fehlerbehebung verpflichtet ist. Im Falle einer Nichterfüllung kommen dann gesetzliche Gewährleistungsrechte wie z. B. die Mängelhaftung zum Tragen. Ein weiterer Punkt sind Bearbeitungs- und Reaktionszeiten. Die Reaktionszeit legt fest, wie viel Zeit sich ein Dienstleister maximal für die erste Rückmeldung zu einer Störung lassen kann. Idealerweise ist er dann bereits mit der Bearbeitung beschäftigt. Dennoch schuldet er dem Nutzer lediglich ein *Tätigwerden*. Wie lange die Entstörung andauert ist nicht ersichtlich. Bei Vereinbarung einer Bearbeitungszeit hingegen, ist die Dauer bis zur Störungsbeseitigung festgelegt. Nach den vorigen Informationen über die technischen Rahmenbedingungen in Abschnitt 4.1.2 ist hiermit die MTTR gemeint. Solche Messgrößen sind vertraglich festzulegen und seitens des Anbieters zu erbringen. Der Nutzer sollte in regelmäßigen Abständen Auskunft darüber vom Cloud Service Provider (CSP) verlangen. Werden Regelungen und Verträge nicht eingehalten, so können die Vertragsparteien als Sanktion das Recht auf Reduktion der Vergütung vereinbaren. Als nächste Ebene kommen Vertragsstrafen und pauschale Schadensersatzansprüche zum Tragen. Die letzte Möglichkeit der Sanktion ist die außerordentliche Kündigung. Sie wird bei erheblichen Mängeln ausgesprochen. Durch einen Vertrag kann das außerordentliche Kündigungsrecht nach § 490 BGB nicht ausgeschlossen werden.[152]

---

[151] Vgl. Eckart, J: (2011g): S. 172
[152] Vgl. Eckart, J: (2011h): S. 173ff

4.3.3 Anwendbarkeit des Datenschutzgesetztes

Das Bundesdatenschutzgesetz (BDSG) wird dann von Bedeutung, wenn Cloud Anbieter personenbezogene Daten erheben und verarbeiten. Personenbezogene Daten sind nach dem Datenschutzgesetz § 3 Abs.1 „... *Einzelangaben über persönliche oder sachliche Verhältnisse oder bestimmbaren natürlichen Personen.*"[153] Das Gesetz spricht in diesem Zusammenhang von *Betroffenen,* dessen Daten verarbeitet werden. Gemeint sind Daten über Personen, die eine eindeutige Identifizierung anhand von charakteristischen Merkmalen, wie z. B. Beruf oder Kaufverhalten ermöglichen. Sensible Daten sind weiterhin Personaldaten oder Kundendaten. Ziel ist es, den Einzelnen, nicht in seinem Persönlichkeitsrecht zu beeinflussen bzw. davor zu schützen wie seine Daten erhoben und verarbeitet werden.

Der Geltungsbereich des BDSG bezieht sich nach § 1 Abs. 5 nur auf personenbezogene Daten, die innerhalb der Bundesrepublik erhoben werden. Dabei ist es ausreichend, wenn ein Unternehmen eine Niederlassung im Inland betreibt. Es heißt dort „*Dieses Gesetz findet keine Anwendung, sofern eine in einem anderem Mitgliedsstaat der Europäischen Union oder in einem anderen Vertragsstaat des Abkommens über den Europäischen Wirtschaftsraum belegende verantwortliche Stelle personenbezogene Daten im Inland erhebt, verarbeitet oder nutzt, es sei denn, dies erfolgt durch eine Niederlassung im Inland.*"[154]

Die Frage, welches Recht für welche Datenverarbeitung gilt, ist im Cloud Computing nicht immer eindeutig. Dies ist vor allem dann von Bedeutung wenn Datenwege einer Cloud bzw. die Standorte der Rechenzentren über mehrere Landesgrenzen hinweg reichen. Innerhalb der EU gilt die Europäische Datenschutzrichtlinie nach 95/46/EG. In Artikel 4 Abs. 1 besagt sie, dass die Mitgliedstaaten dazu verpflichtet sind, geeignete Maßnahmen in nationales Recht umzusetzen.[155]

---

[153] BDSG (2009): §3 Abs. 1 http://www.gesetze-im-internet.de/bundesrecht/bdsg_1990/gesamt.pdf, Abruf am 20.05.2012
[154] BDSG (2009): § 1 Abs. 5 http://www.gesetze-im-internet.de/bundesrecht/bdsg_1990/gesamt.pdf, Abruf am 20.05.2012
[155] 95/46/EG (1995): https://www.datenschutzzentrum.de/material/recht/eu-datenschutzrichlinie.htm#art3, Abruf am 20.05.12

Höllwarth stellt fest, dass die Frage des Datenschutzes zwar häufig zwischen Kunden und Anbieter diskutiert wird. Dennoch werde der Begriff des Datenschutzes und der Schutzbedürftigkeit von Daten oftmals unterschiedlich verstanden und reicht im Rahmen des Cloud Computings über den Begriff der personenbezogenen Daten hinaus.

Demnach lässt sich der Datenschutzbegriff im Folgenden in einen Regelungsgegenstand, einem Sonderrechtschutz und einer transaktionsbezogenen Sichtweise systematisch darstellen.

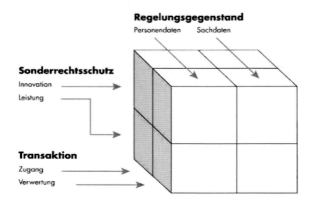

Abbildung 14: Vielschichtigkeit des Datenschutzbegriffs[156]

Der Regelungsgegenstand beschreibt zunächst die Art der betroffenen Daten.

- ➢ Personendaten: Personenbezogenen Daten im Rahmen des BDSG bzw. der EU-Verordnung. Schutz vor unrechtmäßiger Verarbeitung der personenbezogenen Daten.
- ➢ Sachdaten: Schützenswerte Daten sind außerdem noch Statistische Daten, Finanzmarktdaten, Handelsregisterdaten, Regeln über den Umgang beim Strafrecht und dem Wettbewerbsrecht. Höllwarth spricht hier von Geheimnisschutz.[157]

---

[156] Quelle: Höllwarth, T. (2011i): S.89
[157] Vgl. Höllwarth, T. (2011j): S.89f

Darüber hinaus gibt es Daten, die einen Sonderrechtsschutz besitzen.

> Leistungsschutz: Schützt die wirtschaftliche Leistung und Informationen über die Datensammlung an sich.

> Innovationsschutz: Besondere Werke und Schöpfungen sind durch besondere Gesetze und Rechte geschützt. Erfindungen können Patentschutz erlangen. Bei kreativen Schöpfungen kommt hingegen das Urheberrecht zum Tragen.

Die transaktionsbezogene Betrachtungsweise bezieht sich auf die Frage nach dem berechtigten Zugang und der Verwertung der Informationen:

> Zugang zu Daten: Bei Geschäftsgeheimnissen oder anderen Geheimhaltungsbestimmungen gelten i.d.R. besondere Zugangsbestimmungen. Der unerlaubte Zugriff endet meist in einem Straftatbestand und ist durch entsprechende strafrechtliche Regelungen geschützt.

> Verwertung von Daten: Die unbefugte Verwertung von Daten ist ebenso unter Strafe gestellt. Im Wettbewerbsrecht sind die Berechtigten besonders davor geschützt, dass ihre Geheimnisse nicht in wettbewerbswidriger Weise unterlaufen werden.[158]

Abbildung 14 hilft bei der Entscheidung der Beurteilung nach der Relevanz der Daten und ggfs. für die Nutzung und Verarbeitung durch einem Cloud Services auszuwählen. Sind die Daten identifiziert, kann ein Cloud-Nutzer einen Cloud-Anbieter damit beauftragen seine Daten zu verarbeiten. Bei der *beauftragten Datenverarbeitung* ist immer die schriftliche Einwilligung der betroffenen Personen einzuholen. Cloud-Anbieter müssen dabei die jeweiligen Datenschutzstandards nach dem Gesetz beachten. Weiterhin müssen Sie geeignete Maßnahmen zur Datensicherheit betreiben und diese dem Nutzer in regelmäßigen Abständen offenlegen bzw. dokumentieren. Der Auftraggeber bzw. Cloud-Nutzer kann sich auf sein Kontrollrecht nach § 11 Abs. 2 BDSG berufen. In Bezug auf die Verarbeitung der Daten trägt jedoch der Cloud-Nutzer selbst die Verantwortung. Bei einer Verlagerung der Daten in die Cloud findet jedoch keine Verlagerung der Verantwortlichkeit statt. Betroffene können dabei einen Auskunfts- und ggfs. Schadensersatzanspruch gegen einen Cloud-Nutzer geltend machen.[159]

---

[158] Vgl. Höllwarth, T. (2011j): S.89ff
[159] Vgl. Eckart, J: (2011i): S. 186f

4.3.4 Lizenzierung

Im Bereich der Lizenzierung in der Cloud stellen sich je nach genutzter Cloudarchitektur drei Komplexitäten dar. Während das Thema Nutzer einer Public Cloud weniger tangiert, kommt es zu Besonderheiten beim Aufbau einer privaten Cloud sowie bei der Nutzung von hybriden Umgebungen. In Public Cloud Umgebungen übernimmt die Verantwortung ausschließlich der Anbieter des Dienstes. In einem Unternehmen gilt es zuvor zu prüfen, ob bisher erworbene Lizenzen bzw. Lizenzverträge im Unternehmen verbleiben müssen. Bestimmte Software- und Hardwarelizenzen lassen sich nicht in einem Cloud-Modell abbilden. Hinzu kommt, dass es unwirtschaftlich sein kann, trotz der vorhandenen Lizenzen Public Cloud Dienste zu nutzen. Dies kann z. B. der Fall sein, wenn ein Unternehmen das aktuelle *Microsoft Office 2010* vollständig lizensiert hat, aber dennoch plant das Public Cloud Produkt *Microsoft Office 360°* zu verwenden. Komplizierter wird es, wenn Anbieter von Cloud Services nicht gleichzeitig auch Hersteller der Software sind. Obwohl die Lizenzierung im Verantwortungsbereich des Anbieters liegt, sollten Kunden und Anwender sich erkundigen, ob der Anbieter ein zugelassenes Lizenzmodell verwendet. Für Unternehmen, in denen eigene private Cloud Angebote erbracht werden, gilt hingegen das normale Lizenzrecht nach UrhG. Die Verantwortung liegt bei den Unternehmen selbst. Das Lizenzmanagement wird für IT-Abteilungen wird an dieser Stelle komplexer. Gerade wenn sich durch unterschiedliche Leistungen ein Mix auf anwenderbezogenen Lizenzen z. B. *Microsoft Office*, Softwarelizenzen z. B. für den *Windows Server* ergibt. Nach Schweitzer, Technology Analyst bei der Insight Technology Solutions GmbH, eilen die technologischen Entwicklungen zurzeit denen der Lizenzmodelle voraus. *„Die tatsächliche Nutzung der Lizenzen stimmt oftmals wenig mit den Bestimmungen der Hersteller überein. Zudem ist zu bemerken, dass die Vorteile einer solchen Lösung natürlich gegeben sind, aber nicht unbedingt in der Ersparnis der Lizenzkosten liegen."*[160] Hinzu kommt, dass in Zeiten eines Hardwareausfalls evtl. andere Clustersysteme als Backup den Betrieb übernehmen, diese auch lizenziert sein müssen, da es sonst zu einem temporären Lizenzproblem kommt.[161]

---

[160] Schweitzer, Dr. B (2012a):
http://www.searchcloudcomputing.de/strategie/lizenzmanagement/articles/365228, Abruf am 23.05.2012
[161] Vgl. Schweitzer, Dr. B (2012b):
http://www.searchcloudcomputing.de/strategie/lizenzmanagement/articles/365228, Abruf am 23.05.2012

4.4 Chancen und Risiken des Cloud Computing für Unternehmen

Cloud Computing bietet im Allgemeinen eine Vielzahl von Vorteilen und Chancen für Unternehmen. Durch die technische Bereitstellung von On-Demand IT-Lösungen, die der Kunde bei Bedarf selbst abrufen oder erweitern kann, entstehen neue Geschäftsmodelle und Wertschöpfungsansätze. Betriebswirtschaftlich gesehen hat Cloud Computing, zudem das Potenzial Kosten zu senken. Die Entwicklung eines Chancen-Risiken Modells mithilfe der wissenschaftlichen Methode der SWOT-Analyse erfolgt im Anschluss an die betriebswirtschaftliche Darstellung.

4.4.1 Entstehung neuer Geschäftsmodelle

Geschäftsmodelle sind eine strukturelle Grundlage für den wirtschaftlichen Erfolg eines Unternehmens. Sie enthalten die Beschreibung des Mehrwertes bzw. des Nutzwertes für den Kunden, wenn er eine Geschäftsbeziehung mit dem Unternehmen eingeht. Gleichzeitig stellen Sie jedoch auch die Architektur der unternehmerischen Wertschöpfung dar und beschreiben, wie Einnahmen daraus erzielt werden. Timmers definierte das Geschäftsmodell (*engl. Business-Model*) in seinem Buch Electronic Commerce bereits 1997 als:

- *An architecture for product, service and information flows, including a description of the various business actors and their roles; and*
- *a description of the potential benefits for the various business actors; and*
- *a description of the source of revenue.*[162]

Die klassische Wertschöpfungskette in der Informationstechnologie umfasst nach Sondermann die Architekturbetrachtung, die Implementierung, den Test und den Betrieb von Software und IT-Lösungen. Das Cloud Computing durchdringt mit dessen Architekturmodellen die gesamte Wertschöpfungskette und schafft neue Möglichkeiten für die Erstellung, Beschaffung und den Support von IT-Dienstleistungen.[163]

---

[162] Timmers, P. (2000): S. 32
[163] Vgl. Sondermann, K. (2011f): S.133

Cloud Computing führt tendenziell zu geringeren IT-Dienstleistungspreisen. Diese Tatsache wird unterstützt durch standardisierte und flexible Vertragsmodelle bei vielen Anbietern. Die Architekturebenen IaaS, PaaS, SaaS sind dabei auch als Ebenen der Wertschöpfungskette zu betrachten. Anbieter einer SaaS Architektur fokussieren sich auf die Abbildung von vorhandenen Unternehmensprozessen. Diese profitieren nach Sondermann durch Integrations- und Migrationsschnittstellen, wirtschaftliche Zuverlässigkeit und flexible Preismodelle. PaaS ermöglicht hingegen weitere Geschäftsmodellvarianten durch unterschiedliche Mess- und Abrechnungssysteme. Das sog. Monitoring, die Kontrolle der technischen Infrastruktur und die Einhaltung von SLAs. Infrastrukturanbieter nutzen die Struktur des IaaS zur Verbesserung von Skaleneffekten, Verfügbarkeit, Sicherheit und Netzwerkbandbreite. IT-Dienstleistungen, die über das Cloud Computing erbracht werden, haben das Potenzial die Beziehung zwischen Kunden und Anbieter nachhaltig zu verändern und zu verbessern. Ein wesentlicher Punkt dabei ist, dass Software und Infrastruktur nicht mehr klassisch gekauft, sondern für die Dauer der Nutzung flexibel bezahlt werden kann. Die bessere Flexibilität der IT-Infrastruktur ermöglicht eine nahezu Vollautomatisierung des IT-Managements. Dies verändert und dynamisiert Anforderungsprofile von Unternehmen.[164]

Die Symbiose zwischen Unternehmenszielen und IT-Strategie führt zum Geschäftserfolg. Insbesondere, wenn es gelingt, die Arbeitsweise von Mitarbeitern mit den Geschäftszielen in Einklang zu bringen. Durch das Cloud Computing können IT-Anwendungen effektiver an die Bedürfnisse der Mitarbeiter angepasst werden. Gleichzeitig eröffnen Sie eine Brücke für bereichsübergreifende Geschäftsabläufe. Eine zukunftssichere Geschäftsstrategie fördert die Kreativität und das Potenzial der Mitarbeiter zutage. Das Erkennen neuer Möglichkeiten und neuer Märkte eröffnet das Potenzial, um Geschäftsabläufe und –Modelle schneller, agiler und flexibler wachsen zu lassen.[165]

---

[164] Vgl. Sondermann, K. (2011g): S.132f
[165] Vgl. Sondermann, K. (2011h): S.131

4.4.2 IT-Outsourcing

Die technische Flexibilität der Virtualisierung führt zur einer System- und Hardwareunabhängigkeit, durch die Unternehmen Bereiche ihrer eigenen Informationsverarbeitung durch IT-Outsourcing betreiben können. IT-Dienstleister bzw. Cloud-Service Provider übernehmen dabei die Aufgabe der Bereitstellung der IT. Als IT-Outsourcing bezeichnen Lux und Schön „ ... *die teilweise Auslagerung der betrieblichen Informationsverarbeitung inkl. sämtlicher Planung-, Steuerungs- und Kontrollfunktionen an ein Dienstleistungsunternehmen.*"[166]

Die häufigste Assoziation, die mit dem Begriff Outsourcing einhergeht, ist die der Kostenersparnis. Diese ist jedoch nicht immer garantiert bzw. kann sich bei falscher Durchführung des IT-Outsourcings als gegenteilig herausstellen. Das IT-Outsourcing bietet jedoch noch weitere Vorteile. Die flexiblen Verrechnungsmodelle bei Cloud Computing Dienstleistungen sorgen für eine geringere Kapitalbindung in Investitionen. Gleichzeitig erhöht sich durch IT-Outsourcing die Integrations- und Anpassungsfähigkeit von IT-Anwendungen durch die Verwendung standardisierter Software und Schnittstellen. Bei Last- und Produktionsspitzen können Kapazitäten je nach Bedarf flexibel hinzu gebucht werden. Tendenziell erhöhen die Professionalität, das Fachwissen und die Erfahrung eines IT-Dienstleisters zusätzlich die Qualität der angebotenen Leistung. Das Leistungsangebot und Preismodell eines Dienstleisters stellt eine Vergleichbarkeit zu anderen Angeboten dar. Ein weiteres Interesse liegt in der Spezialisierung des Unternehmens auf sein Kerngeschäft, wenn die IT nicht selbst das Kerngeschäft ist. Zudem kann das Betriebsrisiko auf ein externes Unternehmen übertragen werden.[167]

Die Risiken des IT-Outsourcings nach Hermes, wie z. B. die Abhängigkeit von einem IT-Dienstleister bzw. die schwierigen Bedingungen bei einem geplanten Dienstleisterwechsel zeichnen das klassische IT-Outsourcing aus. Der Outsourcing-Experte, der Wirtschaftsprüfungsgesellschaft Deliotte mit Sitz in München, sieht zudem eine problematische Anpassung bei nachträglichen Änderungswünschen sowie bei einer laufenden Integration innovativer IT-Dienstleistungen. Eine schwierige Aufwandschätzung mit durchaus ungeplanten Kostensteigerungen entsteht weiterhin durch zusätzlichen Koordinationsaufwand bei Dienstleistern. Da diese Probleme und Risiken meist tech-

---
[166] Lux, W.; Schön, P. (1997): S.3
[167] Vgl. Hermes, H.-J. (2005a): S.72

nisch begründet sind, lassen Sie sich durch Cloud Computing zumindest minimieren. Die Kompatibilität von Umgebungen eines IT-Dienstleisters bzw. Cloud-Service Provider sind durch die Verwendung von standardisierten Schnittstellen durchgängiger als bei proprietären Einzellösungen. Hohe Anpassungskosten werden durch die flexiblen Preismodelle verhindert. Einige Herausforderungen beim IT-Outsourcing kann das Cloud Computing jedoch nicht lösen. So müssen Geschäftsprozesse weiterhin im Unternehmen definiert sein. Je nach Umfang können diese zu komplexen und aufwendigen SLAs führen. Bestehen innerhalb des Unternehmens strukturelle Probleme, können Sie durch den Einsatz des Cloud Computing sogar verstärkt werden.[168]

4.4.3 Entwicklung eines Chancen-Risiken Modells

Zur Entwicklung eines Chance-Risiken Modells über das Cloud Computing wird die wissenschaftliche Methode der sog. SWOT- Analyse angewandt. Das Akronym steht dabei für die englischen Begriffe (*Strengths* - Stärken, *Weaknesses* - Schwächen, *Opportunities* – Chancen und *Threats* - Risiken). Eine SWOT-Analyse ist in der Betriebswirtschaft ein Instrument im Rahmen der strategischen Planung und Analyse. Sie dient zur Entwicklung und Beurteilung von Geschäftsstrategien. Die Einführung und Nutzung von Cloud Computing als eine grundlegende IT-Konzeption wird Teil der IT- und Geschäftsstrategie eines Unternehmens. Deshalb ist die SWOT-Analyse ein geeignetes Modell, um die Chancen und Risiken des Cloud Computing für die Implementierung im Unternehmen zu bewerten.[169]

Ziel einer SWOT-Analyse ist es, Chancen und Risiken einer Strategie zu identifizieren und für das eigene Unternehmen transparent gegenüberzustellen. Integraler Bestandteil ist aber nach Hungenberg die Durchführung einer externen Umweltanalyse sowie einer internen Unternehmensanalyse. Diese Punkte definiert Hungenberg wie folgt:

- Umweltanalyse: Chancen und Risiken, die sich aus dem makroökonomischen Umfeld eines Unternehmens ergeben, werden in der Umweltanalyse untersucht. Sie betrachten Veränderungen im Markt und beziehen technologische und soziale Faktoren mit ein. Unternehmen haben wenige, bis keinen Einfluss auf diese Faktoren. Es reagiert darauf mit einer Anpassung der Strategie.

---

[168] Vgl. Hermes, H.-J. (2005b): S.72
[169] Vgl. Seyfried, E. (2009): S.29

- Unternehmensanalyse: Zur Nutzung bzw. Vermeidung von Chancen und Risiken muss ein Unternehmen sich auf die eigenen Kompetenzen beziehen bzw. auf dessen wettbewerbsrelevanten Stärken konzentrieren. Auch die Schwächen eines Unternehmens, die es für die Risiken empfänglich machen, werden in der internen Analyse ermittelt.[170]

Zur Darstellung eines Modells der SWOT-Analyse wird sich auf die Ausführung von Hungenberg bezogen. Diese ist in Tabelle 4 in Form einer Matrix dargestellt.

	SWOT	Opportunities (Marko- und Branchenumwelt)	Threats
Ressourcen und Fähigkeiten	Strengths	Haben wir die Stärken, um Chancen zu nutzen?	Haben wir die Stärken, um Risiken zu bewältigen?
	Weaknesses	Welche Chancen verpassen wir, wegen unserer Schwächen?	Welchen Risiken sind wir wegen unserer Schwächen ausgesetzt?

Tabelle-4: Grundmodell einer SWOT-Analyse[171]

Das hohe Maß an möglichen Veränderungen, Chancen und Risiken durch das Cloud Computing lassen sich auf die zuvor bereits beschriebenen Bereiche Technik, Organisation und Recht beziehen. Sie können nicht zusammen in einer SWOT-Darstellung anschaulich verarbeiten. Auf Grund des hohen Maßes an Komplexität ist deshalb eine mehrdimensionale Sichtweise erforderlich. Diese Sichtweise soll gleichzeitig die einzelnen Bereichsaspekte des Cloud Computing (*Technik, Organisation, Recht*) abbilden.

---

[170] Vgl. Hungenberg, H. (2008a): S.88f
[171] Quelle: eigene Darstellung in Anlehnung an Hungenberg, H. (2008b): S.88

Nachfolgend wurde die SWOT-Analyse zunächst auf die Rahmenbedingungen einzeln angewandt. Das Ergebnis für den Bereich *Technik* ist in Tabelle – 5 dargestellt. Es umfasst Teile der zuvor beschrieben Voraussetzungen für Cloud Computing. Für die Spalten- und Zeilenüberschiften wurde der deutsche Wortstamm verwendet.

Technik		Marko- und Branchenumwelt	
		Chancen	Risiken
Ressourcen und Fähigkeiten	Stärken	• Einsatz von Virtualisierung • Leistungsgerechte Bereitstellung von IT-Ressourcen • Hochverfügbare IT-Systeme durch Cluster und Redundanzbildung	• Dokumentation zur Infrastruktur • Technische Entwicklung schreitet sehr schnell voran. Gefahr des Nicht Anschlusses • Überblick über alle Technologien
	Schwächen	• Standardisierung • Automatisierung der IT-Abläufe	• Hohes Risiko bei Systemausfall im Rechenzentrum

Tabelle-5: technische SWOT-Matrix[172]

Die kurzen und präzisen Aussagen dieser SWOT-Analyse zielen auf die technischen Chancen und Risiken bei der Implementierung und Anwendung des Cloud Computing ab. Die Tabelle lehnt sich an das Grundmodell nach Hungenberg an. Dabei beantwortet Sie die Fragestellung nach den Stärken und Schwächen, um Chancen zu nutzen bzw. Risiken zu bewältigen. So gilt es z. B. den Grad für die Nutzung der Virtualisierung herauszufinden oder die Möglichkeiten für IT-Automation zu bedenken. Die rasche technologische Entwicklung geht mitunter zu schnell, so dass die Möglichkeit besteht, den Überblick zu verlieren. Bei unzureichender Planung der IT-Infrastruktur erhöht sich das Ausfallrisiko im Rechenzentrum.

---

[172] Quelle: eigene Darstellung

Bei der Beurteilung der Organisation muss die Frage beantwortet werden, ob Prozesse und Ablauforganisation so strukturiert sind, dass Sie die Ansprüche und Veränderungen durch das Cloud Computing nutzen können. So kann ein nachhaltiger Wettbewerbsvorteil erzielt werden. Das Ergebnis für den Bereich *Organisation* ist in Tabelle-6 darstellt.

	Organisation	Chancen (Marko- und Branchenumwelt)	Risiken (Marko- und Branchenumwelt)
Ressourcen und Fähigkeiten	Stärken	• Einführung eines IT-Servicemanagements nach ITIL • Qualifizierte Mitarbeiter	• Definition der Geschäftsprozesse • Strukturierte Abläufe im Geschäftsprozess
Ressourcen und Fähigkeiten	Schwächen	• Identifikation des Wertbeitrages der IT Unternehmenserfolg • Nutzen von neuen Geschäftsmodellen	• Outsourcing der IT durch Kostenvergleich • Fremdbestimmung durch Kontrollverlust

Tabelle-6: organisatorische SWOT-Matrix[173]

Analog zum Vorgehen bei der technischen Darstellung, ergibt sich für die Organisation die Fragestellung z. B. nach der Nutzung des Servicemanagements nach ITIL wie auch die Anzahl an qualifizierten Mitarbeitern, die das Cloud Computing sinnvoll betreiben können. Hat ein Unternehmen diese Ressourcen nicht, verpasst es mitunter die Chance den IT-Wertbeitrag seiner eigenen IT-Abteilung zu identifizieren sowie den Aufbau neuer Geschäftsmodelle. Das Fehlen von Geschäftsprozessen und deren Struktur beim Cloud Computing führt evtl. zu einem erhöhten Grad an Fremdbestimmung oder letztlich zur Auslagerung der eigenen IT-Abteilung mit allen Vor- und Nachteilen des IT-Outsourcings.

---

[173] Quelle: eigene Darstellung

Letztlich werden die rechtlichen Chancen und Risiken ebenso in einer SWOT-Matrix aufgeführt. Tabelle 7 zeigt diese Ausarbeitung.

	Recht	Chancen (Marko- und Branchenumwelt)	Risiken
Ressourcen und Fähigkeiten	Stärken	• Service Level Agreements • Einhaltung des Datenschutzes	• Rechtlichen Einordnung gelöst • System zum Lizenzmanagement
	Schwächen	• Schaffung von Vertrauen • Offenheit und Transparenz	• Vertrauensverlust • Rechtliche Konsequenzen

Tabelle-7: rechtliche SWOT-Matrix[174]

Bei der rechtlichen Betrachtung sind Unternehmen in einem höheren Maße fremdbestimmt, als bei den beiden vorangegangen Beispielen. Dies ergibt sich aus den vorhandenen Datenschutzgesetzten und den damit verbunden rechtlichen Konsequenzen bei Nichteinhaltung. Gleichzeitig sorgt die Einhaltung der Gesetze und Richtlinien wiederum für Vertrauen und Transparenz. Aus dem Aufstellen und Abschließen von SLAs sowie einem System zum Lizenzmanagement, lassen sich ebenfalls Wettbewerbsvorteile für das Unternehmen erzielen.

Diese SWOT-Analysen sind allgemein zu betrachten und sind unabhängig davon welche Cloud Computing Architektur oder welche Service Modelle ein Unternehmen nutzt. Die Notwendigkeit einer multidimensionalen Darstellung ergibt sich aus der wechselseitigen Beziehung der einzelnen Bereiche bzw. jeweiligen Chancen und Risiko Analysen. Dass die bisher untersuchten Bereiche miteinander in Beziehung stehen zeigt Abbildung 15.

---

[174] Quelle: eigene Darstellung

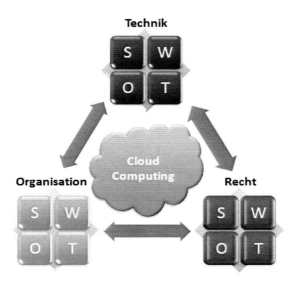

Abbildung 15: Multidimensionale SWOT-Analyse im Cloud Computing[175]

Zur ganzheitlichen Beurteilung der Chancen und Risiken bei der Implementierung und Anwendung von Cloud Computing sind die Ergebnisse der einzelnen Analysen zu betrachten. Veränderungen der inneren und äußeren Einflüsse in einem Bereich können sich wiederum auf die Chancen oder Risiken in einem anderen Bereich auswirken. Ein Beispiel dafür ist die technische Verflechtung von Rechenzentren und Technologien über Ländergrenzen hinweg. Sie bildet somit einen Grund die Einhaltung des Datenschutzes zu überprüfen. Die Sicherstellung der technischen Hochverfügbarkeit hingegen ist beispielsweise nur gewährleistet, wenn die Organisation über genügend freie Ressourcen und qualifizierte Arbeitskräfte verfügt. Wiederum spielt die Definition von Geschäftsabläufen und Prozesse bei der Einhaltung des Lizenzmanagements eine wichtige Rolle. Ebenso gehören Sie zur Grundlage von SLAs, die sich als Wettbewerbsvorteil verwenden lassen.

Letztlich bestimmen die Ressourcen und Fähigkeiten eines Unternehmens die Möglichkeiten Chancen zu nutzen und Risiken zu umgehen. Dies zeigt sich auch bei der strategischen Analyse des Cloud Computing.

---

[175] Quelle: eigene Darstellung

4.5 Empfohlener Implementierungsprozess

Die Einführung von Cloud Computing bewegt sich im Rahmen eines IT-Projekts. Nach Neumann et al. scheitern viele IT-Projekte trotz eingehaltener Kosten- und Terminziele oftmals am praktischen Einsatz. Nach den Autoren ist der häufigste Grund dafür eine unterschiedliche Zielvorstellung, sowohl auf IT – wie auch auf Kundenseite.[176] Die folgenden Seiten beschäftigen sich mit der Planung und möglichen Strategien zur Umsetzung für das Cloud Computing. Hürden und Herausforderungen werden bei der Implementierung aufgezeigt sowie ein ausführlicher Planungs- und Bereitstellungsprozess erarbeitet.

4.5.1 Strategien zur Umsetzung

Die Implementierungsphase beinhaltet die wesentlichen Schritte zur Umsetzung einer Cloud Lösung. Eine erfolgreiche Implementierung setzt eine mehrdimensionale Vorgehensweise voraus und umfasst nach Mueller den folgenden vierteiligen Entwicklungsprozess in der Organisation:

1. Überzeugungsarbeit

Auf Verantwortliche sowohl für IT als auch der Geschäftsleitung kommt im Rahmen eines Cloud Computing Projekts eine umfassende Kommunikations- und Informationsaufgabe zu. Mitarbeiter sollten von den Veränderungen, die Cloud Computing Lösungen in Ihrem Arbeitsalltag bewirken können, informiert sein und überzeugt werden.

2. Evolutionäres Vorgehen

Die schrittweise Einführung erweist sich nach Mueller als vorteilhaft. Zunächst sollten neue Verfahren, Prozesse und Technologien in einem Testbetrieb getestet werden. Danach erfolgt die produktive Umstellung in einer sog. Pilotumgebung. Danach erfolgt eine Schrittweise Ausdehnung auf andere Unternehmensbereiche.

---

[176] Vgl. Neumann, M. et al. (2010e): S. 91

3. Partizipation

Mueller begründet die Partizipation mit der Wichtigkeit der unmittelbaren Einbeziehung betroffener Personenkreise. Dazu gehören im Cloud Computing nicht nur Anbieter und/oder IT-Abteilungen, sondern auch Anwender. Das aktive Mitwirken der Anwender zur besseren Entscheidungsfindung und Qualitätsverbesserung ist auch Bestandteil von agilen Softwareentwicklungs- und Projektmanagementmethoden wie z. B. Scrum.

4. Erfolgsnachweis:

Erfolgreiche Einführungen und Umsetzungen der Cloud Lösung sind für die Anwender sichtbar zu machen. Dies erleichtert es Anwender zu überzeugen und erhöht mitunter den Bedarf an Cloud Computing Lösungen.[177]

In der Literatur wird zwischen zwei verschiedenen Implementierungsstrategien unterschieden. Dazu zählen die *Top-Down* Implementierung sowie die Strategie des evolutionären Vorgehens. Die *Top-Down* Implementierung zielt auf eine plötzliche Organisationsänderung der Betroffenen ab. Diese bezieht die Betroffenen nicht bei der Entscheidung mit ein und ist i.d.R. immer durch die höhere Managementebene veranlasst. Diese Implementierungsstrategie stützt sich primär auf die Ausübung von Macht gegenüber den Betroffenen. Ein für gewöhnlich neuer Ansatz soll so schnell wie möglich im Unternehmen implementiert werden. Ein Beispiel dafür ist das in vielen Unternehmen eingeführte IT Change Management nach ITIL.

Die Strategie des evolutionären Vorgehens beschreibt ein inkrementelles Modell, dass eine schrittweisen Weg vorgibt. IT-Verantwortliche und Geschäftsführung entwickeln gemeinsam ein Konzept, welches etappenweise eingeführt und ausgebaut wird. Die Strategie wird auch als *Bottom-Up* Implementierung bezeichnet. Anwender bzw. Nutzer der Cloud Dienste in diesem Modell an der Entwicklung der Anforderungen beteiligt. Dies führt zu einer effektiven Zusammenarbeit zwischen Anwendern und IT-Verantwortlichen. Vorteil dieser Strategie ist die Reduktion von Widerständen auf Grund der Partizipation der Anwender.[178]

---

[177] Vgl. Mueller, E. (1998a): S.166f
[178] Vgl. Mueller, E. (1998b): S.167ff

4.5.2 Planung und Aufbau von strategischen IT-Ressourcen

Für die Implementierung und Anwendung von Cloud Computing in Unternehmen ist ein besonderer Bereitstellungsprozess notwendig. Basierend auf dem bereits erwähnten Ansatz des *Resourced-Based-View* müssen die erforderlichen Ressourcen und Fähigkeiten im Unternehmen zunächst identifiziert werden. Hungenberg sieht die Kombination von Ressourcen und Fähigkeiten als wichtigste Fähigkeit des Unternehmens. *„Die Ressourcen und Fähigkeiten ... bestimmen in ihrer Gesamtheit darüber, welche Leistungen das Geschäftsfeld erbringen kann. Letztlich sind sie es, durch die sich ein Unternehmen von allen anderen Unternehmen unterscheidet – ihre Kompetenzbasis macht Unternehmen einzigartig...* "[179] Diese erfolgskritischen Wettbewerbsfaktoren beschreibt er weiterhin als Kernkompetenzen des Unternehmens. Neumann et al. sehen diese Kombination als Entscheidungsbasis für die spätere Gestaltung des Implementierungsprozesses. Für Art und Umfang des Cloud Computing gilt es dabei unterschiedliche Quellen und Informationen aus dem Unternehmen selbst zu beziehen. Diese geben Aufschluss über die vorhandenen Ressourcen helfen bei der Entscheidungsfindung. Zu den Hilfsmitteln zählen nach Neumann et al. unter anderem:

- Ein Überblick über die Unternehmens- und IT-Ziele
  (Hierbei unterstützen die Management und Führungsebene)
- Ein IT-Bebauungsplan
  (Dies ist ein Plan über die Beschaffenheit aller informationstechnischen Systeme, ihrer Spezifika und deren Umgebungsvariablen und Key-Performance-Indicatoren)
- Skill-Profile der Mitarbeiter
  (Hier werden die Qualifikation der Mitarbeiter aufgezeigt)
- Technologietrendanalysen
  (Dies können Studien über den Stand der Virtualisierung oder des Cloud Computing sein)[180]

---

[179] Hungenberg, H. (2008c): S.147
[180] Vgl. Neumann, M. et al. (2010f): S. 90

Ziel der Entscheidungsfindung ist es, IT-Ressourcen zu identifizieren, die für den Aufbau von strategischen Fähigkeiten und Ressourcen von enormer Wichtigkeit sind. Diese sollen nach Möglichkeit innerhalb des Unternehmens entwickelt werden. Hier eignen sich der Aufbau einer Private Cloud Infrastruktur. IT-Ressourcen, die nach dem RBV-Ansatz dabei weniger unterstützen, sollen nach den Möglichkeiten des IT-Outsourcings untersucht werden. Diese Leistungen lassen sich evtl. über eine Anzahl von Public Cloud Angebote wie SaaS beziehen. Für die IT-Abteilung ist die Qualifizierung ihrer eigenen Mitarbeiter zu verbessern. Die IT muss ihre eigenen Fähigkeiten weiter ausbauen, um technische Chancen und dessen Möglichkeiten proaktiv für das Unternehmen nutzbar zu machen. So können Geschäftsprozesse nachhaltig analysiert und verbessert werden. Die Entscheidung, welche Formen des Cloud Computing genutzt werden können, muss von einem interdisziplinären Expertengremium getroffen werden. Dieses bereichsübergreifende Gremium muss aus IT-Experten des Unternehmens und IT-Verantwortlichen aus der Management Ebene bestehen. Die Aufgabe dieses Gremiums ist es, die Chancen und Risiken der Technologien gegen die Ziele und den Nutzen des Unternehmens abzuwägen. Dabei sollen Geschäftsanwendungsfälle identifiziert und definiert werden, mit denen das Unternehmen durch Cloud Computing profitieren kann. Die Einbeziehung der Unternehmensziele gilt dabei als Voraussetzung für die Erstellung einer realisierbaren Projektplanung. Den beispielhaften Prozess dazu zeigt Abbildung 16.[181]

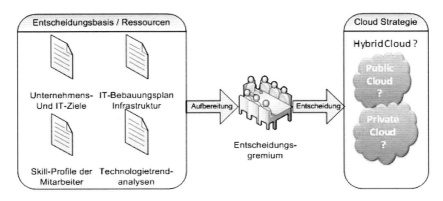

Abbildung 16: Prozess der Entscheidungsfindung für eine Cloud Strategie[182]

---

[181] Vgl. Neumann, M. et al. (2010g): S. 91
[182] Quelle: eigene Darstellung in Anlehnung an Neumann, M. et al. (2010h): S. 89

4.5.3 Risiken bei der Implementierung des Cloud Computing

Im Folgenden werden Problemfelder bei der Implementierung von Cloud Computing aufgezeigt. So kann es bereits im Vorfeld Barrieren geben, die sich für die Veränderungen durch das Cloud Computing als Hindernis darstellen. Diese Barrieren können mit ausreichender Vorbereitung und Planung erfolgreich umgangen werden.

Problematisch bei der Implementierung könnte eine ablehnende Haltung der betroffenen Mitarbeiter sein, deren Arbeit sich durch das Cloud Computing und Virtualisierung verändert. Die Einführung eines neuen Systems, eines neuen Produktes oder einer neuen Verfahrenstechnik geht oft einher mit der Unsicherheit für viele betroffene Mitarbeiter. Darüber hinaus können Ängste von Mitarbeitern ausgelöst werden.[183] Die Unsicherheit, eine ablehnende Haltung von Mitarbeitern und die Furcht vor Neuem, sind generelle Probleme bei der Einführung von neuen Systemen. Sie erhalten jedoch in Bezug auf das Cloud Computing eine besondere Brisanz. Begründet ist dies nicht zuletzt durch unterschiedliche Auslegungen in der Fachwelt über die Definition des Cloud Computings, sowie durch die Marketingkampagnen von Hard- und Softwareherstellern, die eine unterschiedliche Vorstellung dieser IT-Konzeption in den Köpfen verursachen.

Eine Maßnahme, um den Mitarbeitern die Angst vor Veränderungen zu nehmen, ist eine frühzeitige Informationen des Managements und offene Kommunikation zwischen allen Beteiligten. Eine nachhaltige und offene Informationskampagne kann die Akzeptanz des Cloud Computings deutlich erhöhen. Die Einbindung der Mitarbeiter in den Gestaltungsprozess schafft Akzeptanz und Vertrauen. Durch regelmäßige Informationsgespräche und –veranstaltungen erhalten Mitarbeiter das Gefühl sich aktiv an der Gestaltung des Veränderungsprozesses beteiligen zu können. Dies steigert nicht nur die Akzeptanz des Cloud Computings, sondern erhöht am Ende auch die Qualität des Produktes. Eine weitestgehende Akzeptanz der Mitarbeiter ist dann gegeben, wenn diese die Optimierungspotenziale des Cloud Computing ohne den formalen Druck der Unternehmenshierarchien nutzen.[184]

---

[183] Vgl. Becker-Kolle et al. (2006a): S.118f
[184] Vgl. Mueller, E. (1998c): S.22

Wenn diese Ansätze nicht genutzt werden, kann es weiterhin zu Widerständen der Mitarbeiter führen. Dies geschieht, wenn die Veränderungen des Cloud Computings vornehmlich negativ bewertet werden. Becker-Kölle et al. umschreiben Widerstand als „ ... *passive oder aktive Verhaltensweisen von betroffenen Mitarbeitern, Gruppen oder der ganzen Belegschaft, die die Veränderungsziele blockieren, ablehnen, infrage stellen, unterlaufen oder nicht unterstützten."*[185] Widerstände können weiterhin sachliche oder psychologische Gefühle wie Angst, Unsicherheit und Furcht als Auslöser besitzen. Ein möglicher Widerstand ist, sich der IT-Konzeption des Cloud Computing grundsätzlich zu verweigern. Ziel dieser ablehnenden Haltung durch den Mitarbeiter ist, die Hoffnung auf eine Veränderung der äußeren Bedingung, um seine innerliche Verbindlichkeit wieder in Gleichgewicht zu bringen. Anreize und Symptome für solche Widerstände sind frühzeitig zu erkennen. Die häufigste Reaktion seitens des Managements ist es, auf solche Widerstände mit Druck zu reagieren, um die Veränderung so durchzusetzen. Dies ist jedoch häufig der falsche Weg. Mitarbeiter fühlen sich dadurch häufig zunehmend unter Druck gesetzt und sehen sich in Ihrer Ablehnung bestätigt. Die Unternehmenshierarchien müssen diese Widerstände als Chance begreifen, mit den Mitarbeiten in den Dialog zu treten. Mitarbeiter müssen von der Lösung und Technologie überzeugt werden. Erst wenn die Gründe für den Widerstand bekannt sind, kann konstruktiv an einer Verbesserung gearbeitet werden, die sich sowohl für Mitarbeiter als auch für das Unternehmen als vorteilhaft erweist. Widerstände die nicht entdeckt oder verarbeitet wurden, können im schlimmsten Fall schnell zu Konflikten führen.[186]

Konflikte sind ungelöste Spannungssituationen zwischen Individuen oder Gruppen mit unterschiedlichen Interessen. Sie können Auswirkungen auf das Betriebsklima sowie die Verschwendung von Ressourcen und Potenzialen zur Folge haben. Je früher eine Konfliktsituation erkannt wird, desto geringer ist die Gefahr einer Eskalation. Eine erfolgreiche Auseinandersetzung in einem Konflikt, kann sich dadurch positiv auf das Betriebsklima auswirken. Durch die Aufdeckung von Meinung, Interessen und Kompetenzen der Mitarbeiter können sich Synergien im Unternehmen bilden. Mit dem Aufzeigen von mehreren Handlungsalternativen lassen sich für das Unternehmen nachhaltig positive Effekte erzielen. Konflikte können positive Auswirkungen haben.[187]

---

[185] Becker-Kolle et al. (2006b): S.62
[186] Vgl. Becker-Kolle et al. (2006c): S.63ff, S.329
[187] Vgl. Becker-Kolle et al. (2006d): S.110

5. Bewertung der Anwendung von Cloud Computing

Auf den folgenden Seiten soll die Anwendung von Cloud Computing in Unternehmen bewertet werden. Hierbei werden vorwiegend aktuelle wissenschaftliche Studien von Instituten, Branchenverbänden sowie Marktforschungsunternehmens analysiert. Ziel dabei ist es, einen Eindruck für die aktuelle Einführung und Entwicklung des Cloud Computings in Unternehmen zu erhalten. Die Studien wurden sorgfältig ausgewählt. Die wiedergegebenen Teilbereiche der Studien referenzieren sich auf der zuvor in Kapitel 4 aufgeführten technischen, organisatorischen und rechtlichen Rahmenbedingungen für Cloud Computing. Insbesondere überraschend ist dabei die Erkenntnis in Bezug auf die IT-Sicherheit. Herangezogen werden Ergebnisse aus folgenden Studien:

1. Geschäftsmodelle im Internet der Dienste - der Forschungsgruppe THESEUS des Fraunhofer-Instituts in Stuttgart - aus 2010

2. Reshaping IT-Transformation im Rechenzentrum - Markforscher IDC aus 2011

3. Cloud Computing in der IKT-Branche - TU-Berlin Institut für Technologie und Management - aus 2011

5.1 Geschäftsmodelle im Internet der Dienste (Fraunhofer-Institut)

Das Fraunhofer Institut befragte Anfang 2010 insgesamt 89 Softwareanbieter in Deutschland mit dem Schwerpunkt der Bereitstellung von SaaS Angeboten für Unternehmen. Vorrangiges Ziel der Studie war es, auf Basis einer systematischen Befragung, Potenziale bei Internet-basierten Software Services bzw. im Public Cloud Bereich zu bestimmen. Vorteile und Herausforderungen wurden aus Anbieterseite untersucht. Für das Thema dieser Studie wird der Bereich der Implementierung bzw. die Integration in eine bestehende Unternehmenslandschaft herangezogen.

Eine große Mehrheit an bestehenden SaaS Angeboten lässt sich laut den befragten Anbietern in die bestehende IT-Landschaft eines Unternehmens integrieren. 24 % der Befragten setzen „ *... eine Integration in die Anwendungslandschaft des Kunden zwingend voraus, zum Beispiel weil die Anwendung wichtige Daten anderer Systeme benötigt, um Ihren Zweck zu erfüllen.*"[188] Drei Viertel der Anbieter sehen die Möglichkeit der In-

---

[188] Weiner, N. et al. (2010b): S.54

tegration über Schnittstellen z. B. bei Export- und Importfunktionen als Gegeben an. Lediglich ein Anbieter hält den Austausch von Daten über SaaS nicht für sinnvoll.

Die Forschungsgruppe THESEUS stellt weiterhin die Frage, in wieweit Unternehmen bei SaaS Angeboten noch Anpassungen an Ihre eigene IT- und Prozesslandschaft vornehmen müssen. Der Großteil der Befragten übernimmt die Integration in das Unternehmen selbst, bzw. unterstützt das Unternehmen dabei. Bei einem Drittel der Anbieter erfolgt die Integrationsleistung über offene Schnittstellen durch den Kunden selbst. Etwa in der Hälfte aller Fälle erfolgt eine Integration durch Dritte bzw. durch externe Partnerfirmen, die die Kunden bei Anpassung ihrer Prozesse unterstützten.[189]

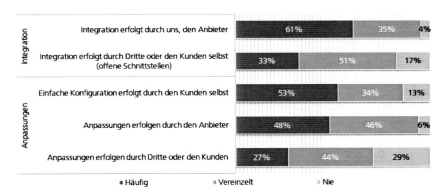

Abbildung 17: Realisierung der Integrationsleistung bei SaaS Angeboten[190]

Das Ergebnis des Integrationsteils der Befragung ist in Abbildung 16 dargestellt. Die Darstellung verdeutlicht die Geschäftsfelder Integration und Anpassung bei denen sowohl Kunden als auch SaaS Anbieter nahezu in gleichem Maß tätig werden. Anbieter und Partner können Geschäftsmodelle und Dienstleistungen entwickeln, um Unternehmen bestmöglich bei der Einführung von Cloud Computing zu unterstützen.

---

[189] Vgl. Weiner, N. et al. (2010c): S.54f
[190] Weiner, N. et al. (2010d): S.55

5.2 Reshaping IT - Transformation im Rechenzentrum (IDC)

Die International Data Corporation (IDC) veröffentlichte im Oktober 2011 eine Abhandlung mit den Ergebnissen aus insgesamt vier unterschiedlichen Studien aus 2010 und 2011. Befragt wurden jeweils IT-Manager und IT-Projektleiter von Unternehmen mit mindestens einem eigenen Rechenzentrum im sog. EMEA[191]-Raum. Die Anzahl der Befragten variiert zwischen 150 und 500 Personen, je nach Studie. Darin untersuchte der Marktforscher einen Zusammenhang zwischen erfolgreichen und weniger erfolgreichen IT-Unternehmen und dem Einsatzgrad von Virtualisierung und Cloud Computing. Hierzu wurden, die bereits im vorigen Kapitel erwähnten, Key Performance Indicator (KPI) herangezogen. Die Studie unterscheidet KPIs in unterschiedlichen Unternehmensbereichen wie Finanzen, Personal und Leistungsbereitstellung und ermittelt die fünf wichtigsten Faktoren. So ist für ca. 56 % der Befragten die schnelle Bereitstellung von IT-Diensten und die Benutzerfreundlichkeit der IT eine wichtige Priorität. 53 % dagegen richten sich bei den KPIs nach der Einhaltung von SLAs. Weitere Punkte sind die Anzahl an IT-Mitarbeitern (49 %) im Vergleich zu nicht technischem Personal, sowie der Kostenanteil der Informationstechnologie am Umsatz des Unternehmens (42 %).[192]

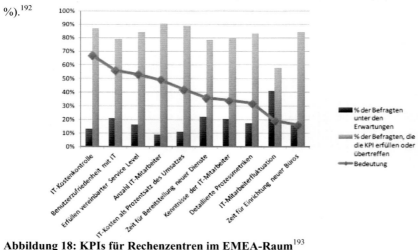

Abbildung 18: KPIs für Rechenzentren im EMEA-Raum[193]

---

[191] EMEA ist eine Abkürzung aus dem Angloamerikanischen für einen bestimmten Wirtschaftraum. Sie steht stellvertretend für Europa (**E**urope), dem Nahen Osten (**M**iddle-**E**ast) und Afrika (**A**frica).
[192] Vgl. Meyer, T. et al. (IDC 2011a): S.5
[193] Quelle: Meyer, T. et al. (IDC 2011b): S.5

Die Studie unterscheidet zwischen vier verschiedenen Typen von Unternehmen - darunter zählen *erfolgreiche Unternehmen*, *Durchschnittsunternehmen*, *Nachzügler* sowie *Ineffiziente Unternehmen*.[194] Firmen, die diese TOP 5 KPIs erreichen oder übertreffen, gehören laut Studie zu den sog. *erfolgreichen Unternehmen*. Diese zeichnen sich zudem durch hohe Kundenzufriedenheit und hohe Mitarbeiterbindung aus. 40 % der befragten Unternehmen gehören zum Durchschnitt, bei denen technologische Entwicklungen zunächst abgewartet werden. Sie erreichen zwar Ihre Kostenziele, jedoch ist die Einhaltung von SLA nicht immer optimal. Bei knapp 30 % handelt es sich um *Nachzügler* die die Einsparmöglichkeiten durch Cloud Computing und Virtualisierung versäumen.

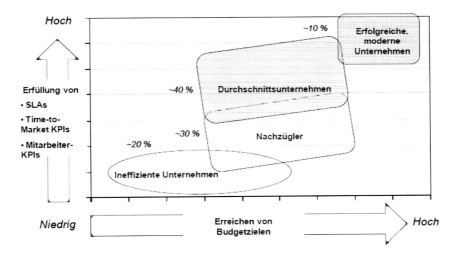

Abbildung 19: Erfolg von IT-Bereitstellung in Rechenzentren[195]

Interessanterweise kommt die Studie weiterhin zum dem Schluss, dass kein Zusammenhang zwischen dem Einsatz von Virtualisierung und dem Erreichen der KPIs besteht. So ist in allen Unternehmen der Einsatz von Virtualisierungstechnologien nahezu gleich. Der Status-quo bei virtualisierten Systemen liegt derzeit bei fast allen Teilnehmern der Umfragen um die 30 % bis 40 %. Alle Unternehmen planen die Anzahl an virtualisierten Systemen bis 2014 auf ca. 60 % auszubauen.[196]

---

[194] Vgl. Meyer, T. et al. (IDC 2011c): S.6f
[195] Quelle: Meyer, T. et al. (IDC 2011d): S.6
[196] Vgl. Meyer, T. et al. (IDC 2011e): S.8

Alleine der Einsatz von Virtualisierung und Cloud Computing schafft demnach keine Vorteile. Vielmehr müssen die Potenziale durch die Virtualisierung erkannt und in bestehende Prozess- und Verwaltungslandschaft des Unternehmens eingebunden werden. So setzen erfolgreiche Unternehmen vermehrt Software zum Management von virtuellen Infrastrukturen und Prozessen ein. Gleichzeitig herrscht in diesen Unternehmen ein etabliertes IT Change Management und Service Monitoring, mit denen die Einhaltung ihrer SLAs überwacht wird.

5.3 Cloud Computing in der IKT-Brache (TU-Berlin)

Die Experten Rüdiger Zarnekow und Jonas Repschläger von der Technischen Universität Berlin untersuchten im April 2011 einen Status-quo der Entwicklung und Einführung von Cloud Computing bei 40 klein- und Mittelständischen Unternehmen mit einem Umsatzvolumen von mehr als 20 Millionen Euro jährlich. Befragt wurden vorwiegend Geschäftsführer, Fachbereichsleiter und IT-Abteilungsleiter.

Bei der Betrachtung der möglichen Einsparungen durch das Cloud Computing ergab sich das Ergebnis, dass bei 40 % der Unternehmen nach Einführung des Cloud Computing Einsparungen bei IT-Administratoren im Support und der Systembetreuung erzielt wurden. IT-Architekten und Programmierer waren im April 2011 in den befragten Unternehmen hingegen nach wie vor gefragt. Siehe dazu Abbildung 17.

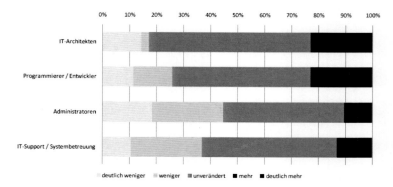

Abbildung 20: Veränderung der Funktionsbereiche in einer IT-Abteilung[197]

---

[197] Quelle: Repschläger, J., Zarnekow, R. (2011a): S. 19

Bei der Einführung von Cloud Computing mit dem Ziel, IT-Aufgaben aus dem Unternehmen zu outsourcen, z. B. durch die Nutzung von SaaS stimmen sich 60% aller Geschäftsführer mit ihrer IT-Abteilung ab. Bei der Verlagerung an einen Cloud Dienstleister erhoffen sich 90 % der Befragten eine Integration der Cloud Lösungen in ihre bestehende Prozesslandschaft. Für 85 % spielt das Preis-Leistungsverhältnis eine gewichtige Rolle.

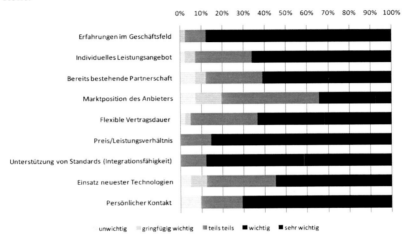

Abbildung 21: Entscheidungsmerkmale bei IT-Sourcing in die Cloud[198]

In Puncto Sicherheit geben sich die Unternehmen sehr aufgeschlossen. 75 % sehen im Bereich Datenschutz und IT-Sicherheit keine Hindernisse, um auf das Cloud Computing zu verzichten und halten die Sicherheitsvorkehrungen bei einem Cloud Anbieter für besser ausgebaut als bei sich selbst. Über 90 % der Befragten halten hingegen die zentrale Datenhaltung im Unternehmen für extrem wichtig. Sie bevorzugen die direkte Kontrolle.[199] Dies zeigt, dass das Vertrauen in die Cloud Technologie durchaus vorhanden ist, weniger jedoch in fremde Datenhaltung.

---

[198] Quelle: Repschläger, J., Zarnekow, R. (2011b): S.22
[199] Vgl. Repschläger, J., Zarnekow, R. (2011c): S.33

6. Fazit und Ausblick

Cloud Computing ist ein kommender Trend der nächsten Jahre. Für immer mehr IT-Dienstleister und Unternehmen spielt es keine Rolle, um welche in dieser Untersuchung behandelten Dienste oder Architekturformen es sich handelt. Antriebsfedern für das Cloud Computing sind dabei die technische Innovation der Virtualisierung, die flexible Verwaltbarkeit der Technologie sowie die Hoffnung der Unternehmen nach schnelleren und besseren IT-Leistungen mit gleichzeitiger Kostenersparnis. Die Chancen und die Risiken des Cloud Computings müssen dabei sorgfältig mit den Zielen des Unternehmens in Einklang gebracht werden. Nicht jede Cloud-basierte IT-Lösung ist auf den ersten Blick hochinnovativ und erzeugt auch nicht direkt einen erheblichen Beitrag zur Wertschöpfung des Unternehmens.

Deshalb gilt es Geschäftsprozesse und Anwendungsfälle im Unternehmen zu analysieren und zu definieren, die von den Möglichkeiten des Cloud Computings profitieren können. Die technische Expertise der Mitarbeiter sowie eine umfassende Kenntnis der jeweiligen Bedürfnisse der Unternehmung ist dabei ein erfolgskritischer Faktor. Ein Entwicklungstrend, der sich auch aus den Ergebnissen der zitierten Studien ableiten lässt, geht zunehmend in die Richtung einer hybriden Cloud Infrastruktur. Unternehmen möchten auf der einen Seite von einfacheren, schnelleren und meist kostengünstigeren Public Cloud Angeboten profitieren. Gleichzeitig müssen sie allerdings die Kontrolle über ihre Daten, insbesondere über sensible Daten oder geschäftskritische Daten beibehalten. In Zukunft werden sich deshalb vermehrt Softwareprodukte, Methoden und Technologien entwickeln, damit Unternehmen die Chancen und Vorteile sowohl einer Private Cloud wie auch einer Public Cloud nutzen können.

Für eine einfachere Entscheidungsfindung und weitere Entwicklung der Cloud Technologie sind internationale Standards notwendig. Das Bundesministerium für Wirtschaft und Technologie (BMWi) arbeitet auf europäischer Ebene bereits an Rahmenbedingungen für Standards in Bezug auf Technologie und Sicherheit in der Cloud. Cloud Computing wird unsere heutige Arbeitswelt in der IT verändern. Nach einer Studie des BMWi wird sich die Zusammenarbeit in IT-Abteilungen in einigen Jahren deutlich von der heutigen unterscheiden. Arbeitsplätze rund um Cloudtechnologien werden demnach viel stärker wachsen als z. B. Stellen in der klassischen Informationstechnologie bzw.

im Hardwarebereich.[200] Dies beschreibt auch die aktuelle Roland Berger Studie aus dem Herbst 2011. In der Studie „*Survival of the Fittest – Wie Europa in der Cloud eine führende Rolle übernehmen kann*"[201], prognostizieren die Autoren Rossbach und Welz einen Umsatzvolumen im Cloud Computing Bereich, ähnlich dem der BITKOM, von 73 Milliarden Euro. Demnach wird durch Cloud Computing und anderen Trends in der Informationstechnologie wie *Social Media* oder *Consumerization* neue Arbeitsplätze und Perspektiven in der IT-Branche entstehen. Dies sei unter anderem wichtig, da die Wertschöpfung in der Informationstechnologie zudem als Multiplikator und Antreiber für weitere Industrien gilt.[202] Das Cloud Computing führt nach und nach zu einer Kommodisierung der IT-Industrie. In seinem Werk The Big Switch vergleicht Nicholas Carr diese Entwicklung mit dem Strom aus der Steckdose. „*Cold and steady, electric light lacked the allure of the flame ... It turned light into an industrial commodity.*"[203] Ähnlich wie zu Beginn des 20. Jahrhunderts viele traditionelle Handwerkssparten durch die Entwicklung der Industrialisierung grundlegend verändert wurden.

---

[200] Vgl. BMWi (2010): http://www.bmwi.de/BMWi/Navigation/Service/publikationen,did=362448.html, Abruf am 14.06.2010
[201] Survival of the Fittest, Eine Anspielung auf die Evolutionstheorie von 1869 des britischen Naturforschers Charles Darwin, welche besagt, dass nur die Individuen überleben können, die am stärksten dazu in der Lage sind, sich an die Umwelt anzupassen. Der Begriff selbst wurde einige Jahre zuvor vom britischen Sozialforscher Herbert Spencer geprägt.
[202] Vgl. Rossbach, C.; Welz, B. (2011) S.6,
http://www.rolandberger.com/media/pdf/Roland_Berger_Cloud_Ecosystem_D_20111130.pdf, Abruf am 26.06.2012
[203] Carr, N. (2008): S.232

Literaturverzeichnis

Bücher, Studien und Fachzeitschriften:

Arbitter, P.; Deutsch, H.; Pracht, T.; Dr. Reit, M. (2011): Cloud Computing – mehr als nur industrialisierte IT, in: Cloud Computing: Neue Optionen für Unternehmen, Hrsg. Köhler-Schute, C., KS-Energy-Verlag, Berlin 2011 S. 35-66, ISBN 978-3-9813142-2-9

Bachert, R. (2004): Kosten und Leistungsrechnung, Juventa Verlag Weinheim, München 2004, ISBN 3-7799-0739-9

Babcock, C. (2010): The Cloud Revolution – How Cloud Computing Is Transforming Business and Why You Can't Afford to Be Left Behind, McGraw-Hill Books, United States of America 2010, ISBN 978-0-07-174075-3

Baun, C.; Kunze, M.; Nimis, J.; Tai, S. (2011): Cloud Computing – Web-basierte dynamische IT-Services, 2. Auflage, Hrsg. Dr. Günther, O.; Dr. Karl, W.; Dr. Lienhart, R.; Dr. Zeppenfeld, K., Springer Verlag, Berlin Heidelberg 2011, ISBN 978-3-642-18436-9

Beckereit, F. (2011): Quo vadis Virtualisierung – Infrastrukturen für die private Cloud, in: Cloud Computing: Neue Optionen für Unternehmen, Hrsg. Köhler-Schute, C., KS-Energy-Verlag, Berlin 2011 S. 67-89, ISBN 978-3-9813142-2-9

Becker-Kolle, C.; Fischer, T.; Kraus, G. (2006): Handbuch Change Management: Steuerung von Veränderungsprozessen in Organisationen. Einflussfaktoren und Beteiligte. Konzepte, Instrumente und Methoden. 2. Auflage, Cornelson Verlag, 2006, ISBN 978-3-589236350

Bröhl, B. (2011): Cloud Computing in der Praxis – in: IM – Information Management & Consulting, Jahrgang 26, Heft 2, IMC AG, Saarbrücken 2011 S. 10-13

Carr, N. (2008): The Big Switch: Rewiring the World, from Edison to Google, W&W Norton & Company Inc., New York 2008, ISBN 978-0-393-06228-1

Cragon, Harvey G. (1995): Memory Systems and Pipelined Processors, I. Title, Jones and Barlett Publishers International Inc., London 1996, ISBN 0-86720-474-5

Dekens, L.; Renouf, A.; Sizemore, G.; van Lieshout, A.; Medd, J. (2012): VMware vSphere PowerCLI Reference – Automating vSphere Administration, Sybex John Wiley & Sons Inc., Indianapolis 2011, ISBN 978-0-470-89079-0

Eckert, C. (2012): IT-Sicherheit: Konzepte-Verfahren-Protokolle, 7. Auflage, Oldenbourg Wissenschaftsverlag GmbH, München 2012, ISBN 978-3-486-70687-1

Eckhardt, Dr. J. (2011): Rechtliche Aspekte des Cloud Computing, in: Cloud Computing: Neue Optionen für Unternehmen, Hrsg. Köhler-Schute, C., KS-Energy-Verlag, Berlin 2011 S.166-191, ISBN 978-3-9813142-2-9

Ewert, R.; Wagenhofer, A. (2005): Interne Unternehmensrechnung, 6. Auflage, Springer Verlag, Berlin Heidelberg 2005, ISBN 978-3-5402361-7-7

Frese, E.; Graumann, M.; Theuvsen, L. (2012): Grundlagen der Organisation – Entscheidungsorientiertes Konzept der Organisationsgestaltung, 10. Auflage, Gabler Verlag, Wiesbaden 2012, ISBN 978-3-8349-3029-3

Gull, D. (2011): Erfolgsfaktoren beim Einsatz virtueller Infrastrukturen im Unternehmen, in: Cloud Computing & SaaS, Hrsg. Fröschle, H.P., Reinheimer, S., Heft 275, HMD - Praxis der Wirtschaftsinformatik, dpunkt Verlag GmbH, Heidelberg 2010, S.16-24, ISBN 978-3-89864-675-8

Gübeli, R., Käser, H., Klaus, R., Müller, T. (2004): Technische Informatik II – Mikroprozessor-Hardware und Programmiertechniken, vdf Hochschulverlag AG an der ETH Zürich, Zürich 2004, ISBN 978-3728129192

Hermes, H.-J. (2005): Outsourcing: Chancen und Risiken, Erfolgsfaktoren, rechtsichere Umsetzung, Hrsg. Schwarz, G., Rudolf Haufe Verlag, München 2005, ISBN 3-448-06560-9

Höllwarth, T. (2011): Cloud Migration, Hrsg. Höllwarth, T., mtip Hüthig Jehle Rehm GmbH, Heidelberg, München, Landsberg, Frechen, Hamburg 2011, ISBN 978-3-8266-9177-5

Hungenberg, H. (2008): Strategisches Management in Unternehmen: Ziele - Prozesse –Verfahren, 5. Auflage, Gabler GWV Fachverlag GmbH, Wiesbaden 2008, ISBN 978-3-8349-1260-2

Köhler, P. (2005): ITIL, Springer Verlag, Berlin, Heidelberg 2006, ISBN 978-3-540-22893-6

Kusek, C.; Van Noy, V.; Daniel, A. (2012): VMware vSphere Administration Instant Reference, Sybex John Wiley & Sons Inc., Indianapolis 2012, ISBN 978-1-118-02443-0

Lux, W.; Schön, P. (1997): Outsourcing der Datenverarbeitung: Von der Idee zur Umsetzung, Springer Verlag, Heidelberg 1997 ISBN 3-540-61456-7

Metzger, C.; Reitz, T.; Villar, J.; (2011): Cloud Computing – Chancen und Risiken aus technischer und unternehmrischer Sicht, Carl Hanser Verlag, München 2011, ISBN 978-3-446-42454-8

Mueller, E. (1998): Verhaltensbarrieren bei der Umsetzung moderner Controllingansätze: Problemanalyse und Lösungsansätze, EuL-Verlag GmbH, Lohmar 1998

Neumann, M.; Hohler, B.; Breitner, M. (2010): Beyond Delivery Excellence: Ein Konzept zur strategischen Positionierung interner IT-Dienstleister, in: Cloud Computing & SaaS, Hrsg. Fröschle, H.P., Reinheimer, S., Heft 275, HMD - Praxis der Wirtschaftsinformatik, dpunkt Verlag GmbH, Heidelberg 2010, S.85-93, ISBN 978-3-89864-675-8

Reif, K. (2012): Automobilelektronik: Eine Einführung für Ingenieure, 4. Auflage, Vieweg und Teubner Verlag, Wiesbaden 2012, ISBN 987-3-8348-1498-2

Repschläger, J.; Pannicke, D.; Zarnekow, R. (2010): Cloud Computing: Definitionen, Geschäftsmodelle und Entwicklungspotenziale, in: Cloud Computing & SaaS,

Hrsg. Fröschle, H.P., Reinheimer, S., Heft 275, HMD - Praxis der Wirtschaftsinformatik, dpunkt Verlag GmbH, Heidelberg 2010, S.6-15, ISBN 978-3-89864-675-8

Schmitt, S. (2005): Integrierte Simulation und Emulation eingebetteter Hardware/Software Systeme, 1. Auflage, Cuvillier Verlag, Göttingen 2005, ISBN 978-3865375117

Schreiner, R. (2009): Computernetzwerke: Von den Grundlagen zur Funktion und Anwendung, 3. überarbeitete Auflage, Carl Hanser Verlag, München 2009 ISBN 978-3446419223

Seyfried, E. (2009): Methoden zur Ermittlung von Förderbedarfen und-Potenzialen: SWOT-Analyse, Strategieplanung und Ex-ante-Bewertung, Schriftenreihe Europäisches Verwaltungsmanagement der Hochschule für Wirtschaft und Recht Berlin, Berlin 2009, ISBN 978-3-940056-27-6

Sondermann, K. (2011): Cloud Computing - Wandel existierender Märkte, neue Potenziale für Unternehmen, in: Cloud Computing: Neue Optionen für Unternehmen, Hrsg. Köhler-Schute, C., KS-Energy-Verlag, Berlin 2011 S.91-146, ISBN 978-3-9813142-2-9

Staub, J. (2011): Der richtige Weg in die Cloud – in: IM – Information Management & Consulting, Jahrgang 26, Heft 2, IMC AG, Saarbrücken 2011 S. 14-17

Thorns, F. (2008): Das Virtualisierung-Buch, 2. Aktualisierte und erweitere Auflage, Hrsg. Thorns, F., C&L Computer und Literaturverlag, Böblingen 2008, ISBN 978-3936546569

Timmers, P. (1997): Electronic Commerce: Strategies and Models for Business-to-Business Trading, Hrsg. Kalakota, R., John Wiley & Sons Ltd, New York 2000, ISBN 0-471-49840-8

Picht, H. (2009): XEN Kochbuch – Intelligente Virtualisierungslösungen mit XEN 3, 1. Auflage, O' Reilly Verlag, Köln 2009, ISBN 978-3-89721-729-4

Weber, J.; Schäffer, U. (2008): Einführung in das Controlling, 12. Auflage, Schäffer-Pöschel Verlag, Stuttgart 2008, ISBN 978-3791028309

Weiner, N.; Renner, T.; Kett, H. (2010): Geschäftsmodelle im >> Internet der Dienste << - Trends und Entwicklungen auf dem deutschen IT-Markt, Fraunhofer-Institut zur Arbeitswirtschaft und Organisation IAO, Stuttgart 2010, ISBN 987-3839601096

Weygant, P. S. (2001): Clusters for High Availability: A Primer of HP Solutions, 2nd Edition, Hewlett-Packard Company, Prentice-Hall, London 2001, ISBN 0-13-089355-2

Xu, J. (2009): Virtualisierung als Möglichkeit zur Optimierung des IT-Managements, 1. Auflage, IGEL Verlag GmbH, Hamburg 2009, ISBN 978-3-86815-203-6

Internetquellen:

AMD Pressemitteilung (2006):
AMD Releases "Pacifica" Specification for AMD64 Technology
http://www.amd.com/us/press-releases/Pages/Press_Release_98372.aspx
aufgerufen am 16.03.2012 um 09:27 Uhr

BITKOM (2009): Cloud Computing – Evolution in der Technik, Revolution im Business – BITKOM-Leitfaden, Hrsg. BITKOM, Berlin 2009
http://www.bitkom.org/files/documents/BITKOM-Leitfaden_CloudComputing_Web.pdf
aufgerufen am 21.03.2012 um 10:36 Uhr

BITKOM (2010): Cloud Computing mit extrem starkem Wachstum
http://www.bitkom.org/de/markt_statistik/64086_65427.aspx
aufgerufen am 21.03.2012 um 14:55 Uhr

Bundesministerium der Justiz (2012):
Bürgerliches Gesetzbuch Online
http://www.gesetze-im-internet.de/bgb/__535.html
aufgerufen am 19.05.2012 um 14:21 Uhr

Bundesamt für Sicherheit in der Informationstechnik (2010):
Zertifizierung nach ISO 27001 auf Basis von IT-Grundschutz Zertifizierungsschema
https://www.bsi.bund.de/SharedDocs/Downloads/DE/BSI/Grundschutz/Zertifikat/ISO27001/Zertifizierungsschema.pdf?__blob=publicationFile
aufgerufen am 16.05.2012 um 15:54 Uhr

Bundesministerium für Wirtschaft und Technologie (2010):
Das Internet der Dienste
http://www.bmwi.de/BMWi/Navigation/Service/publikationen,did=362448.html
aufgerufen am 14.06.2012 um 20:35 Uhr

DMTF (2012): Open Virtualization Format
http://dmtf.org/standards/ovf
aufgerufen am 14.06.2012 um 20:35 Uhr

Foster, I. (2002): What is the Grid? A Three Point Checklist, Argonne National Laboratory & University of Chicago
http://www.mcs.anl.gov/~itf/Articles/WhatIsTheGrid.pdf
aufgerufen am 21.03.2012 um 13:35 Uhr

Fritsche, J. (2012): Physische Datensicherheit – Der Kampf mit den Elementen, Business und die IT, Weka Media Publishing GmbH
http://www.business-und-it.de/business/cm/page/page.php?table=pg&id=8719
aufgerufen am 09.05.2012 um 16:07 Uhr

Garlet, U. (2011): Storage-Hersteller vor neuen Herausforderungen
CMP-WEKA Verlag GmbH & Co. KG
http://www.crn.de/storage/artikel-89738.html
aufgerufen am 16.05.2012 um 12.26 Uhr

Heise Zeitschriften Verlag GmbH & Co. KG (2011)
Bericht: Server-Markt wächst weltweit, außer in Westeuropa
http://www.heise.de/resale/meldung/Bericht-Server-Markt-waechst-weltweit-ausser-in-Westeuropa-1386869.html
aufgerufen am 16.05.2012 um 12.26 Uhr

IDC (2011): Reshaping IT - Transformation des Rechenzentrum: Erfolgreiche Ansätze
http://globalsp.ts.fujitsu.com/dmsp/Publications/public/wp-idc-reshaping-it-de.pdf
aufgerufen am 30.05.2012 um 18.34 Uhr

MacNeil, T. (2006): LPAR and PR/SM
IBM Systems Magazine
http://www.ibmsystemsmag.com/mainframe/administrator/lpar/LPAR-and-PR-SM/
aufgerufen am 18.03.2012 um 11:53 Uhr

Mell, P.; Grance, T. (2011): The NIST Definition of Cloud Computing, U.S. Department of Commerce, National Institute of Standards and Technology, Gaithersburg 2011
http://www.nist.gov/manuscript-publication-search.cfm?pub_id=909616
aufgerufen am 18.03.2012 um 17:19 Uhr

Meinel, C.; Willems, C.; Roschke, S.; Schnjakin, M. (2011): Virtualisierung und Cloud Computing, Schriftreihe Technische Berichte des Hasso-Plattner-Instituts für Softwaretechnik an der Universität Potsdam, Uni-Verlag Potsdam, Potsdam 2011
http://pub.ub.uni-potsdam.de/volltexte/2011/4970
aufgerufen am 17.03.2012 um 12:03 Uhr

Microsoft (2012): Introducing Windows PowerShell
http://msdn.microsoft.com/en-us/library/windows/desktop/ms714418(v=vs.85).aspx
aufgerufen am 20.05.2012 um 21:42 Uhr

Neiger, G.; Santoni, A.; Leung, F.; Rodgers, D.; Uhlig, R. (2006):
Intel Virtualization Technology: Hardware Support for Efficient Processor Virtualization
http://download.intel.com/technology/itj/2006/v10i3/v10-i3-art01.pdf
aufgerufen am 16.03.2012 um 09:27 Uhr

Popek, G. J.; Goldberg, R. P. (1984):
Formal Requirements for Virtualizable Third Generation Architectures
http://labs.vmware.com/download/75
aufgerufen am 15.03.2012 um 10:53 Uhr

Roderer, U. (2012): Überblick über neue Entwicklungen von Fujitsu, IBM, HP und VCE - Konvergente Systeme: Automatisierung, Skalierung und Cloud
Vogel IT-Medien GmbH
http://www.searchdatacenter.de/themenbereiche/server-betriebssysteme/multiprozessor-server/articles/363196
aufgerufen am 16.05.2012 um 15.30 Uhr

Rossbach, C.; Welz, B. (2011) Survival of the Fittest – Wie Europa in der Cloud eine führende Rolle übernehmen kann
Roland Berger Strategy Consultants GmbH
http://www.rolandberger.com/media/pdf/Roland_Berger_Cloud_Ecosystem_D_20111130.pdf
aufgerufen am 26.06.2012, um 14:06 Uhr

Schweitzer, B. (2012): Lizenzmanagement in der Cloud
http://www.searchcloudcomputing.de/strategie/lizenzmanagement/articles/365228
aufgerufen am 23.05.2012 um 14.21 Uhr

VMware (2012): VMware vSphere PowerCLI User's Guide
http://www.vmware.com/support/developer/PowerCLI/PowerCLI501/doc/vsph_powercli_usg501.pdf
aufgerufen am 20.05.2012 um 21:45 Uhr

VMware (2012): VMware vMotion
VMware: http://www.vmware.com/files/de/pdf/vmotion_datasheet_de.pdf
aufgerufen am 22.04.2012 um 21:45 Uhr

Yurtkuran, S; Kollorz. E; Weber, M (2003): Whitepaper zum IT Controlling und IT Dienstleistungsverrechnung, nicetec GmbH, Bissendorf 2001 – 2003
http://www.nicetec.de/download/de/nicetec-it-leistungsverrechnung.pdf
aufgerufen am 27.05.2012 um 17:49 Uhr